평신도를 위한
성경연구 가이드북

KB208470

JOSH MCDOWELL'S GUIDE TO UNDERSTANDING YOUR BIBLE

평신도를위한 **성경연구**

조쉬 맥도웰 지음 | **이강임** 옮김

GUIDE
BOOK

Laity

Contents

1장
왜 성경을 공부하는가?

당신도 나와 같다면 필요할 때마다 즉각적으로 적절한 성경구절이 떠오를 만큼 성경을 알고 싶다는 생각을 한 적이 있을 것이다. 아마 어떤 문제에 대한 통찰, 중요한 결정을 위한 인도, 친구나 제자들을 도울 지혜 또는 단순히 하루를 살 영감 등이 필요한 순간이었을 것이다. 하지만 당신은 '그래, 그 정도로 성경을 잘 알고 싶지만 그건 불가능한 일일거야. 나는 하박국의 몇 구절은 고사하고 어제 점심에 무엇을 먹었는지조차 기억하기 힘든 걸'이라고 생각할 지도 모른다. 나도 예전에는 그렇게 생각했었기 때문에 당신의 마음을 충분히 이해한다. 하지만 중요한 사실은 나는 더 이상 그렇지 않다는 것이다. 나는 원하면 언제든지 원고를 쓸 수 있을 만큼 엄청난 나만의 성경 지식 창고를 갖고 있다. 그것을 갖기 위해 나만의 성경연구 방법을 개발해왔기 때문이다. 이제 나는 성경이 내 손에 없을 때에도, 예를 들면 운전할 때와 같은 상황에서도 셀 수 없이 많은 성경의 본문과 원리들을 기억해낼 수 있게 되었다.

만약 당신이 이 글을 읽으면서 '그렇게 되기 위해 성경암송에 수많은 시간을 투자했을 거야'라고 생각한다면 나는 '그렇지 않다. 긴장을 풀고 편안하게 성경을 공부할 수 있다'고 말하고 싶다. 나 역시 성경암송이 가치 있다고 생각하고 권하기도 한다. 그러나 이 책에서 소개할 방법은 그런 것이 아니다. 이 책에서 소개하는 성경연구 방법은 성경을 완전히 암송하여 요약하기 위한 훈련이 아니다. 오히려 당신이 성경을 실제적으로 적용하며 즐길 수 있도록 고안된 간단하고 구조적인 방법으로서, 이 성경연구 방법을 통해 당신은 성경의 내용을 필요에 따라 요약하거나 꿰뚫게 될 것이다. 여기서 내가 '간단하고'라고 말했다고 해서 이 방법이 노력이 필요하지 않다는 의미는 아니다. 내가 말한 '간단하고'라는 의미는 내 성경연구 방법이 복잡하지 않고, 이해하기 쉽다는 뜻이다. 알다시피 가치 있는 것 중에 노력 없이 얻을 수 있는 것은 없다. 만약 당신이 일정한 시간을 투자해 수고한다면 당신도 내가 느꼈던 것처럼 하나님의 말씀에 대한 지식이 마음에서 자라나서 자신의 일부가 되는 기분 좋은 경험을 하게 될 것이다. 시편 기자였던 다윗은 이것을 이렇게 아름다운 말로 표현했다.

"여호와의 교훈은 정직하여 마음을 기쁘게 하고 여호와의 계명은 순결하여 눈을 밝게 하시도다" 시 19:8

성경연구 GUIDE BOOK

나는 성경의 중요성을 당신에게 다시 확신시킬 필요가 없다고 믿는다. 만약 당신이 성경의 가치와 진리를 믿지 않았다면 이 책을 집어 들지도 않았을 것이다. 서점에는 이미 성경연구 방법에 관한 책들과 유용한 온라인 프로그램들과 자료들이 넘쳐난다. 이런 책과 자료들은 대부분 성경 각 권의 개관에 관한 정보를 줄 것이다. 그러나 나는 이 책을 통해 당신에게 '스스로 성경을 연구하는 방법'을 가르쳐 줄 것이다. 당신은 '스스로 이사야서를 연구하지 않더라도 성경 핸드북 등을 통해 이사야서의 의미, 문체, 배경, 메시지 등에 관한 모든 정보를 간단하게 얻을 수 있지 않은가?'라고 생각할 지도 모른다.

하지만 '스스로 성경을 연구하는 것'은 거대한 보물창고를 여는 열쇠를 가지게 되는 것과 같다. 또한 당신의 성경 지식은 온전히 당신 자신의 것이 될 것이고, 말씀은 당신의 삶과 마음에 깊이 뿌리내리게 될 것이다. 어떤 그리스도인은 신앙을 유산처럼 물려받기도 하지만, 그렇게 물려받은 신앙은 그리 강하지 못하다. 당신이 믿는 부모에게서 태어나 좋은 신앙교육을 받으며 자라났건 친구의 설득으로 주님께 나아왔건 상관없이 결국 어느 지점에 이르면 오직 자기 자신의 믿음으로만 주님께 나아와야 한다. 당신의 마음에 심겨진 진리는 부모나 선생으로부터 수동적으로 받은 지식 이상이 되어야 한다. 다른 사람들의 사역을 통해 수동적으로 받아들인 말씀이 아니라 당신 스스로 읽고 연구한 말씀은 더 의미 있고 풍성하게 당신의 마음 깊이 심겨질 것이다.

오늘날 그리스도인들은 스스로 성경을 깊이 연구하지는 않았지만, 성경에 대해 잘 교육받은 상태라는 생각이 든다. 그러나 스스로 진리를 알아가는 과정은 그 자체로 말씀에 대한 더 큰 확신으로 인도할 것이다. 16세기의 수도 사 마틴 루터Martin Luther는 말씀에 대한 강한 확신으로 일반인들이 사용하는 언어인 독일어로 성경을 번역했다. 똑같은 확신으로 캐머런 타운센드Cameron Townsend는 전 세계 사람들이 그들 자신의 언어로 된 성경을 가지고 개인적으로 성경을 공부하도록 하기 위해 위클리프 성경번역 사역을 시작했다. 위클리프Wycliffe 성경번역가 체트 비터만Chet Bitterman은 말씀에 대한 견고한 확신 가운데 기꺼이 자신의 삶 전체를 성경번역을 위해 바쳤다.

나는 스터디성경, 검색을 위한 소프트웨어, 온라인 성경 자료 등을 반대하지 않는다. 오히려 그것들을 활용하라고 권하고 추천하기도 한다. 그리고 나 역시 그것들이 있다는 것에 감사하고 잘 활용한다. 나는 이 책에서 그런 자료들을 잘 활용하는 방법도 가르쳐줄 것이다. 그런데 성급한 학생들이 스스로 성경을 연구하는 것을 포기하고 그런 직접적인 자료들에 의존해서 성경 지식을 쌓는 것을 보면 안타깝다. 그런 자료들은 스스로 성경을 연구하다가 정말 답이 필요할 때 펼쳐보고 참고하는 '지식의 보관창고' 정도로 의지하기 바란다. 즉 당신의 성경연구를 완벽하게 보완하기 위한 자료로써 필요할 때마다 플러그를 꽂아 쓸 수 있는 외장하드로 여기는 것이 좋다.

훈련의 중요성

하나님의 말씀을 공부하는 것은 성령님과 동행하는 것과 같다. 즉 둘 다 꾸준히, 매일매일 자라나는 과정인 것이다. 또한 결코 평탄한 길이 아니다. 당신은 그 길에서 여러 가지 다양한 감정들을 경험할 것이다. 어떤 날에는 산꼭대기에 있는 것 같이 당신이 성경을 읽고 공부해서 알아낸 진리들이 당신을 의기 양양하게 할 것이다. 마치 생각의 모든 감각들이 깨어있는 것처럼 느껴지는 날이 있을 것이다. 그러나 어떤 날은 깊은 골짜기를 터덜터덜 걷는 것 같을 것이다. 성경공부가 힘들고 단조로운 일처럼 느껴지면서 도무지 말씀에 집중하지 못하는 날이 있을 것이다. 이때 중요한 것은 당신의 기분을 무시하고 계속 걷는 것이다.

많은 사람들이 성경을 펼치는 순간 성경의 진리들이 자신에게 뛰어들 것이라고 기대한다. 즉 성경을 펼치면 즉각 진리가 보이고 깨달아지기를 기대한다. 우리는 우리 손으로 수고한 결과물들을 오늘 바로 확인하기 원한다. 그런데 하나님은 그런 방법으로 일하시지 않는다. 하나님은 결과보다 과정을 보는 분이시다. 또한 하나님은 과정을 보시고 결과를 축복하신다. 이것이 항상 그가 일하시는 방식이다. 하나님은 모세를 준비시키는 데 사십 년을 보내셨다. 바울을 준비시키는 데 삼 년, 그리고 요셉을 준비시키는 데 십오 년을 보내셨다. 그런데 왜 우리는 항상 급하게 서두르는가?

성경을 연구하는 일은 우리의 시간, 헌신, 적용을 요구한다. 수학이나 화학 문제를 푸는 것, 피아노를 연주하는 것, 집을 건축하거나 비행기를 조종하는 일도 그렇지 않은가? 가치 있는 일에는 반드시 노력과 시간이 필요하다.

성경연구의 목표

성경을 이해하는 궁극적인 목표는 해석이 아니라 적용이다. 성경을 연구함으로써 머리에 더 많은 성경 지식을 쌓는 것이 아니라 믿음을 통해 우리의 삶과 사역이 더욱 더 예수 그리스도의 모습에 가까워지는 것이 성경연구의 목표이다. 단순히 더 많이 아는 것이 목표가 아니라 우리의 삶에 대한 하나님의 뜻이 더 많이 이루어지는 것이 목표인 것이다. 다시 말해 성경연구의 궁극적인 목표는 하나님의 말씀을 매일의 삶에 더 많이 적용하게 되는 것이다. 그럼으로써 하나님이 어떤 분이신지를 다른 사람들에게 나타내 보이는 것이다.

세 가지 헌신

성경연구의 목표를 이루기 위해 당신은 세 가지 헌신을 해야만 한다.

첫째, 뜻을 정해야 한다. 당신은 하나님의 말씀을 연구함으로 그리스도인으로서 자라나기를 얼마나 절실하게 원하는가? 예수 그리스도의 모습을 닮아가기를 얼마나 간절하게 갈망하는가? 예수님은 스스로 이렇게 기도하셨다.

"영생은 곧 유일하신 참 하나님과 그가 보내신 자 예수 그리스도를 아는 것이니이다" 요 17:3

둘째, 성령님과 동행해야 한다. 사도바울은 에베소서 5장 18절에서 이렇게 말한다. "성령으로 충만을 받으라" 만약 당신이 자신을 거룩한 성령에게 맡기지 않는다면 성령은 당신을 가르칠 수 없다. 냉정하고 기계적인 성경연구는 당신에게 여러 사실들을 가르쳐 주겠지만 지혜를 주지는 않을 것이다. 정보들은

성경연구 GUIDE BOOK

머리에 쌓일지 모른다. 그러나 생명을 줄 수 있는 성령의 조명과 인도에 굴복하지 않는다면 성경은 당신에게 열리지 않을 것이고 생명을 주지도 못할 것이다. 성령님과 동행하기 위해서는 당신의 삶의 모든 영역을 살펴서 하나님의 뜻에 반대되는 것이면 어떤 것이라도 제거하겠다는 의지와 성령님이 지적하시는 죄는 어떤 것이라도 고백함으로써 깨끗하게 하겠다는 의지가 필요하다. 사도 요한은 우리에게 이렇게 말한다.

"만일 우리가 우리 죄를 자백하면 그는 미쁘시고 의로우사 우리 죄를 사하시며 우리를 모든 불의에서 깨끗하게 하실 것이요" 요일 1:9

셋째, 성경연구를 시작해야 한다. 나는 성경연구 하는 시간을 '기록하는 시간'이라고 부른다. 만약 당신이 성경을 진지하게 읽고 연구하는 데 시간을 내지 않는다면, 내가 이 책에서 아무리 많은 성경연구 방법에 대한 정보를 줘도 성경을 이해하는 데서 자라날 수 없을 것이다. 성경은 어려운 논문이 아니기 때문에 단지 성경 자체가 성경을 여는 열쇠인데도 말이다.

도날드 그레이 반하우스Donald Grey Barnhouse, 필라델피아 장로교회의 전 목사는 기차여행 중이었다. 그는 성경을 읽고 있었는데 통로 맞은편에 한 학생이 잡지를 보면서 앉아 있었다. 그는 목사를 알아보고 이렇게 물었다. "반하우스 목사님, 어떻게 당신처럼 말씀의 사람이 될 수 있습니까?" 목사는 그 학생이 읽고 있던 잡지를 보며 이렇게 대답했다. "학생이 성경을 읽는 것보다 잡지를 읽는 것을 더 좋아하는 한, 학생은 성경에 관해서 보다 저 잡지에 관해서 더 많이 알게 될 걸세."

반하우스 박사의 대답이 문화를 아는 것의 중요성을 부인하는 것은 아니다. 그는 단지 우선순위를 지적한 것이다. 무엇이 첫 번째인가? 당신이 가장 많이 읽는 것이 무엇인가? 성경이 당신의 삶에서 최고의 우선순위인가?

성경연구의 목적

성경연구의 목적은 당신이 말씀을 주관하는 것이 아니라, 말씀이 당신을 주관하게 하는 것이다. 사도바울이 로마서 12장 2절에서 말한 것처럼, 성경이 당신의 삶을 완전히 주관해서 변화시키도록 허락하지 않는다면 성경에 대한 지식을 쌓는 것은 아무 가치가 없다.

"너희는 이 세대를 본받지 말고 오직 마음을 새롭게 함으로 변화를 받아 하나님의 선하시고 기뻐하시고 온전하신 뜻이 무엇인지 분별하도록 하라" 롬 12:2

성경연구의 목적은 당신이 예수님이 생각하는 방식대로 생각하는 것이다. 당신이 예수님처럼 생각하기 시작할 때, 당신은 예수님처럼 행동하기 시작할 것이다. 오늘날 세상은 그 어느 때보다도 절실하게 예수님을 닮은 사람들을 보고 싶어 한다.

이와 함께 중요한 것은 성경을 진리이자 영감 받은 책으로 받아들이는 것이다. 이것을 사실로 받아들이는 것은 포스트모던 시대를 사는 젊은 세대들과 완전히 다르게 생각하는 것을 뜻한다. 즉 당신은 다른 모든 진리들이 주장하는 것을 부정하며, 성경이 절대 진리라고 주장하는 것이다. 더불어 성경이 전우주적, 절대적 진리로서 모든 시대와 장소를 초월한 모든 사람을 위한 진리라고 주장하는 것이다. 이러한 주장은 '절대적인 진리는 없으며 모든 진리가 동등하다'고 주장하는 포스트모던 철학을 정면으로 거스르는 것이다. 이런 이유로 현대인들은 성경을 절대 진리로 받아들이지 않는다. 이들에게 예수 그리스도에 대한 진리를 보여주는 방법은 당신이 말씀대로 사는 것이다. 즉 그들이 갈급해하는 삶의 방식을 보여주는 것이다. 그러기 위해서는 성경을 알아야 한다. 성경이 말하는 예수 그리스도를 알기 위해 말씀 앞으로 나아오라. 그리고 삶으로 그분의 사랑을 보이라. 그들이 그분의 사랑의 음성을 듣고 반응하게 하는 것이 성경연구의 궁극적인 목적이다. 당신은 먼저 성경의 진리들을 자기 자신의 것으로 만들어야 한다. 그리고 다른 사람들이 눈으로 볼 수 있도록 자신의 삶 속에 그 진리를 새겨 넣으라.

나는 삶의 규범들에 관해 말하고 있는 것이 아니다. 하나님은 우리가 그리스도인으로서 지켜야 할 삶의 규범들을 배우기 위해서 성경을 연구하기 원치 않으신다. 우리가 성경을 펼칠 때, 그것은 예수 그리스도의 마음으로 들어가는 문을 여는 것과 같다. 그가 누구인지를 아는 길로 들어가는 것이다. 또한 예수님처럼 살 수 있는 능력을 주시는 분의 초청벧후 1:3-4을 받아들이는 것이다. 말씀이 마음을 사로잡을 때, 당신의 삶과 말은 이 세상에 하나님의 실재를 증거하게 될 것이다. 하나님이 당신 안에 계시면 사람들은 당신을 통해 하나님을 보게 될 것이다.

하나님은 우리를 그의 가속으로 선택하셨나. 왜냐하면 그것이 하나님에게 큰 기쁨이 되기 때문이다. 하나님은 우리를 하나님을 닮도록 선택하셨다. 왜냐하면 그것이 하나님의 완전한 계획안에서 처음부터 우리의 위치였기 때문이다. 하나님은 우리를 다른 사람에게 하나님을 보이도록 선택하셨다. 왜냐하면 그것이 이 세상을 축복하기 위한 하나님의 방법이기 때문이다. 그런데 우리의 마음에 말씀이 없다면 우리는 하나님을 알 수도 없고, 그분을 증거할 수도 없다. 이것이 우리가 매일 성경을 읽고 연구해야 하는 이유이다. 하나님의 말씀은 우리가 창조된 목적대로 하나님의 거룩한 성품을 반영하도록 만드는 거울이다.

이 책에서 당신은 개인적으로 성경을 연구하는 방법을 배우게 될 것이다. 이 방법을 잘 배워서 적용하게 되면 당신 스스로 성경 안에서 말씀의 핵심을 찾을 수 있게 될 것이며, 당신이 제일 친한 친구에 대해 잘 아는 것처럼 하나님에 대해 알아가게 될 것이다. 성경을 폈다가 아무것도 깨닫지 못하고 그냥 덮는 일은 더 이상 없을 것이다. 이미 여러 번 읽은 본문에서 한 번도 생각하지 못했던 통찰을 얻게 된 순간, 그것을 가르쳐 준 성경교사나 목사가 경이로워 보였을 것이다. 그리고 "어떻게 저 사람은 나도 여러 번 봤던 본문에서 저런 것들을 깨달았지?"하며 궁금해 했을 것이다. 만약 당신이 나의 성경공부 계획을 부지런히 따라온다면 당신도 이런 종류의 경이로움을 느끼게 될 것이다. 친숙한 본문의 새로운 의미들을 깨닫게 될 것이며, 일상의 여러 상황 속에서 적용할 말씀들이 자동적으로 튀어 나오게 될 것이다. 뿐만 아니라 아내나 남편, 남자 친구나 여자 친구에게 적용할 성경적 사랑의 원리들이 일상생활에서 필요에 따라 갑자기 생각나게 될 것이다. 지금까지는 성경연구가 지루한 일이고 진창에 빠져 꼼짝 못하는 기분을 들게 했던 일이었더라도 이제부터는 당신을 흥분시키고 설레게 하는 일이 될 것이다. 그리고 당신의 삶과 경험들은 성경의 모든 페이지들과 성령의 임재를 통해 새로운 빛 속에서 조명되기 시작할 것이다.

성경연구 계획

왜 우리는 성경을 읽을 뿐만 아니라 깊이 묵상해야만 할까? 만약 우리가 완벽한 창조물이었다면 이런 접근이 불필요했을지도 모른다. 그러나 우리는 성경에 대한 바른 이해를 위협하는 타락한 세상 속에 살고 있다. 따라서 하나님이 말씀하시는 것이 무엇인지 정확히 이해하고 성령의 인도하심을 분별하기 위해서는 체계적인 성경연구 방법이 필요하다.

무계획적이며 마음 가는 대로 하는 성경연구가 안고 있는 위험들은 많다. 그 중 한 가지는 '본문이 정확히 무엇을 말하고 있는지'를 신중하게 관찰하지 않음으로 인해 본문의 내용을 오해하는 것이고, 또 다른 위험은 자신이 원하는 관점과 부분적인 정보만으로 잘못 접근하여 본문의 내용을 왜곡하는 것이다. 많은 경우 단지 자신이 연구하는 성경 본문과 연관된 다른 본문을 찾아보는 것만으로도 의미가 훨씬 명확해질 수 있다. 또 다른 위험은 문맥을 무시하고 본문만을 연구하는 것이다. 한 성경구절의 의미는 앞, 뒤 구절과 의해 영향을 받기 때문이다. 지금부터 우리가 공부할 성경연구 방법은 당신이 이런 위험들을 피하도록 도와줄 것이다.

자, 나는 이제부터 '나의 성경연구 방법'을 단계적으로 보여주면서 당신이 성경연구의 전 과정을 함께 밟도록 할 것이다. 그리고 전체를 다 배운 후에는 그것을 어떻게 자신의 삶에 구체적으로 적용할 수 있을지도 보여줄 것이다.

과거에 나는 오래된 차들을 재조립해서 파는 일을 했었다. 엔진을 떼어내기 전에 나는 먼저 엔진의 처음 모양을 기억해 둔다. 엔진을 수백 개의 조각으로 해체하기 전에 전체적인 모양을 기억해 두는 것이다. 내 머릿속에 전체적인 그림을 가지고 있으면 훨씬 쉽게 그 엔진을 재조립 할 수 있다. 내 성경연구 방법도 마찬가지로 설명할 수 있다. 처음에 우리는 망원렌즈를 끼고 큰 그림을 볼 것이다. 그런 다음 그것을 부분으로 나누고 현미경으로 갈아 끼운 후 작은 부분들을 자세히 들여다 볼 것이다. 그리고 그것들이 어떻게 전체에 의미를 더하는지를 배울 것이다. 이런 성경연구 방법을 연습하기 위해 성경 중 한 권을 선택할 것이다.

성경 한 권으로 출발해 각 장, 단락, 문장, 구절, 단어 순서로 연구해 나갈 것이다. 우리가 연습할 성경은 요한복음 3, 4장이다. 물론 필요에 따라 요한복음의 다른 장들도 다루겠지만 특별히 이 두 장에 초점을 맞출 것이다. 요한복음은 배우기 쉽고, 이런 성경연구 방법에 매우 적합하기 때문이다. 마치 사도요한이 복음서를 쓸 때 성경연구까지도 염두에 둔 것처럼 보일 정도다.

표 만들기

나는 당신이 연구한 것의 의미를 쉽게 파악하고 체계화하기 위해 여러 종류의 표들을 만들고 활용하는 방법도 자세히 가르쳐 줄 것이다. 그러나 나와 함께 성경을 연구하면서 당신이 만들게 될 표들은 성경연구의 최종 결과물이 아니다. 그 표들은 당신이 찾은 정보들의 의미를 제대로 파악하도록 도와줄 준비노트일 뿐이다. 즉 성경연구 과정을 거치면서 당신이 수집한 정보들을 조직적으로 기록하여 최종 결과물을 만드는 것을 도와줄 도구인 셈이다. 잘 기록되고 정리된 표들은 '성경연구의 최종 개요'를 위한 정보의 근원이자 근거가 될 것이다.

첫 번째로 나오는 표는 당신이 찾은 정보들의 의미를 문맥 속에서 찾게 도와줄 '제목 표'이다.

'제목 표'는 큰 그림으로 시작해 세세한 부분들로 내려갈 것이다.

책

장들

단락들

문장들

구절들

단어들

'제목 표'는 당신이 세세한 부분을 연구할 때에도 큰 그림을 유지하도록 도와줄 것이다. 첫 번째 단계에서 만든 '제목 표'를 가지고 우리는 성경연구의 세 가지 기본 단계를 거칠 것이다. 각 단계를 거칠 때마다 나는 그 단계에서 당신을 도울 수 있는 새로운 표들을 소개할 것이다. 이 표들은 지속 새유를 민들기 위한 준비 단계들로 당신이 성경연구를 마치고 최종 개요를 작성할 때 활용될 것이다.

성경연구의 세 가지 기본 단계

보라

이 단계에서 나는 관찰의 원리를 가르칠 것이다. 당신은 이 단계에서 끊임없이 "여기에서 무엇이 보이는가?"라고 질문해야 한다. '정확하게 보는 것'의 목표는 본문이 '정말로 말하는 것은 무엇인가'를 보는 것이다. 즉 대충 겉만 훑어보는 것이 아니라 표면 속에 감춰진 더 깊은 의미와 진리를 발견하는 것이다.

알라

이 단계에서 나는 해석의 원리를 가르칠 것이다. 당신은 이 단계에서 관찰한 것에 대해 "이것이 무엇을 의미하는가?"라고 질문하게 될 것이다. 즉 당신이 발견한 모든 것에 대한 확신과 이해를 얻어야 한다.

하라

'하라'는 말은 적용을 간단명료한 말로 정의한 것이다. 이 단계에서 우리는 성경연구의 궁극적인 목표에 도달할 것이다. 다시 말해 "이 본문이 나에게 무엇을 말하고 있는가?"를 묻는 것이다. 나아가 "이 본문을 어떻게 내 삶에 적용해야 할까?"라고 구체적으로 물어야 한다. 그러나 당신의 삶에 성경적 원리를 받아들이기 전에 우선 바르게 적용하는 법을 알아야 한다. 성경연구의 전 과정은 단순히 배우기 위함이 아니라 행하기 위함이기 때문이다.

연습, 연습, 연습

길을 잃은 듯이 보이는 한 젊은이가 뉴욕 거리를 헤매고 있었다. 그가 길모퉁이에 다다랐을 때 마침 그 앞에 택시가 멈추더니 유명한 음악가 아르투르 루빈슈타인Artur Rubinstein이 택시에서 내렸다. 절박한 젊은이는 이 위대한 피아니스트를 알아보지 못하고 그에게 달려가 물었다. "선생님, 제가 어떻게 카네기 홀에 갈 수 있을까요?" 루빈슈타인은 대답했다. "오직 연습, 연습, 연습입니다."

연습이 성경연구의 열쇠이다. 내 성경연구 방법은 복잡하거나 어렵지 않다. 그러나 노력 없이는 습득할 수 없다. 성경연구는 수고를 요구한다. 그러나 그러한 수고와 노력을 통한 발견은 그 자체로 큰 보상이 된다. 왜냐하면 성경에서 이전에는 몰랐던 진리를 발견하는 것은 어려운 퀴즈를 풀었을 때보다 더한 쾌감을 주기 때문이다.

내 성경연구 방법의 가장 좋은 점은 정해진 시간을 요구하지 않는다는 것이다. 당신은 단지 삼십 분 만으로도 효과를 볼 수 있다. 물론 세 시간을 할 수도 있다. 유익은 당연히 투자한 시간에 비례할 것이다. 성경연구는 한 번에 끝내버리는 학사과정이 아니다. 만약 그랬다면 당신은 벌써 그 과정을 끝내버렸을 것이다. 이 책에서 배울 성경연구 방법은 앞으로 성경을 펼칠 때마다 사용할 수 있고, 배운 즉시 사용할 수 있으며, 단순하지만 체계적으로 하나님을 알아 가도록 도와줄 것이다. 그러나 이를 위해서 당신은 내가 소개한 방법을 스스로 연습하고, 연습하고, 연습해야 한다.

work
shop

● 시편 19:7-11을 읽고 성경연구의 유익 세 가지를 적어보라.

● 요한복음 전체를 앉은 자리에서 세네 번 읽어라.

2장
큰 그림 얻기

'제목 표' 만들기

TV나 인터넷에서 우주에서 시작해서 지구의 전체 모습을 비추면서 들어오는 줌 화면을 본 적이 있을 것이다. 카메라는 화면을 더 가까이 끌어당겨 지구를 비춘 후 곧 북아메리카가 스크린을 가득 채운다. 다음으로 미국, 뉴잉글랜드 주, 그리고 한 도시를 멀리서 내려다본다. 이어 카메라는 거리에 지나다니는 차와 걸어 다니는 사람들을 볼 수 있을 때까지 화면을 끌어당긴다. 그러다가 카메라는 한 빌딩에 초점을 맞추고 창문 안으로 들어간다. 카메라는 계속해서 움직여서 책상에 초점을 맞추고 그 위에 쌓여있는 종이들을 비춘다. 그리고는 종이 위에 글자들을 따라 읽을 수 있도록 한 글자 한 글자씩 보여준다.

우주에서 시작해 책상 위 종이의 글사까지 쉼 없이, 한 비에 줌 인 해 들어가는 컴퓨터 그래픽은 매우 놀라웠다. 사실 이것은 우리가 이 장에서 시작할 성경연구 과정과 흡사하다. 이 장에서 우리의 카메라는 큰 그림에 초점을 맞출 것이다. 그리고 성경연구가 진행됨에 따라 점차 가까이 줌 인 해 들어갈 것이다.

'제목 표'를 만드는 이유

큰 그림을 보는 우리의 도구는 카메라가 아니라 우리가 '제목 표'라고 부르게 될 표이다. '제목 표'의 가치를 알기 위해서 다음과 같은 장면을 상상해 보라.

힘든 하루를 끝내고 막 잠자리에 들었는데 전화벨이 울린다. 대학 기숙사에서 딸이 전화를 건 것이다. "아빠, 지금 룸메이트와 영적인 것에 관해 대화하고 있는데 친구가 구원에 대해 이해하기 어려워해요. 친구가 이해하기 쉽게 설명해 줄 성경구절을 알려줄 수 있어요?" 당신은 얼마나 많은 성경구절을 즉석에서 말해 줄 수 있는가? '제목 표'는 이런 질문에 대답할 수 있도록 당신을 준비시키는데 매우 유용한 도구이다.

'제목 표'는 당신이 성경의 어떤 책, 어떤 장에 무슨 내용이 있는지를 기억해내도록 도와줄 것이다. 이 표를 준비하고 공부하면 암기를 위해 어떤 특별한 노력을 기울이지 않아도 머릿속에 이런 종류의 지식들이 가득 채워질 것이다. 게다가 한번 훑어보는 것만으로도 그 성경의 전체 내용과 주제를 파악할 수 있게 해줄 것이다. 당신이 조사하고 연구한 날줄들이 '제목 표'라는 씨

줄에 엮이고 다른 지식들이 덧붙여지면 멋진 격자무늬를 만들 수 있다. 이처럼 '제목 표'는 성경을 더 쉽게 기억하게 만들고, 더 쉽게 가르칠 수 있도록 도와줄 것이다.

아마 오늘날의 성경들은 우리가 이런 표를 만들지 않아도 쉽게 모든 정보를 얻을 수 있도록 만들어졌다. 대부분의 성경은 각 장이 단락으로 나뉘어져 있으며, 각 단락에는 핵심내용을 알려주는 소제목이 달려있다. 당신은 이미 이렇게 유용한 정보들이 있는데, 왜 굳이 머리를 싸매고 이 표를 직접 만들어야 하는지를 궁금해 할지도 모른다. 그래서 나는 이쯤에서 '제목 표'를 만드는 것이 선택적인 일이라고 말해 주고 싶다. 만약 성경연구 시간이 매우 제한적이거나 성경연구의 목적이 가르치기 위한 것이 아니라면, '제목 표'를 만드는 과정을 건너뛰고 바로 관찰 단계로 들어가도 괜찮다. 하지만 내가 위에서 말한 것처럼, 이 표를 만드는 작업은 집을 짓기 위해 먼저 골격을 세우듯이 당신의 머릿속에 한 성경의 골격을 세우는 것과 같다. 그 후에 내용 안으로 들어가는 것이다.

'제목 표'를 만들기 위한 준비

성경연구를 시작하기 전에 먼저 잠깐 동안 기도하기를 권한다. 성경연구를 시작하기 전에 항상 주님의 인도와 통찰을 구해야 한다. 이렇게 기도하라. '내 눈을 열어서 당신의 말씀에서 놀라운 것들을 보고 깨닫게 하시고, 기꺼이 그것들을 내 삶에 적용하게 하소서'

1단계 _ 그 책을 여러 번 읽어라

내가 앞 장에서 말한 것처럼, 이 책에서 나는 성경연구의 본문으로 요한복음을 사용할 것이다. 그리고 표를 만들거나 성경연구의 방법을 가르치기 위해 나는 특별히 3장과 4장에 초점을 맞출 것이다. 표를 만들기 위한 첫 단계로, 재료를 잘 알기 위해 최소한 요한복음을 두 번 이상 읽어야 한다. 가능하면 그 이상이면 좋고, 한 번 읽을 때 앉은 자리에서 한 번에 끝내야 한다.

왜 여러 번 읽어야 하는가? 당신은 같은 영화를 두 번째로 보면서 처음 봤을 때 얼마나 많은 것들을 놓쳤는지 깨닫고 놀란 적이 있는가? 누구나 처음 보거나 읽을 때는 주된 줄거리에 집중하게 된다. 전체적인 흐름을 이해하기 위해 큰 그림에 집중하게 되는 것이다. 신경이 온통 '큰 그림 얻기'에 집중되기 때문에 부수적인 주제들, 요점들, 곁들여진 화제들, 뒷받침하는 정보들은 놓치고 만다. 그러나 여러 번 읽으면 이런 틈새들이 채워진다.

위대한 성경해설가 캠벨 모간G.Campbell Morgan은 성경의 어떤 한 권을 연구하기 전에 그 책을 삼십 번 읽는다고 한다. 만약 당신이 요한복음을 그 십분의 일만 읽는다면, 이 책에서 소개하는 성경연구 방법을 잘 따라 올 수 있을 것이다.

첫 번째로 읽으면서 그 책의 어딘가에(시작, 중간 또는 끝에) 쓰여 졌을 수 있는 '그 책이 직접적으로 밝히고 있는 기록 목적'을 찾아라. 요한복음 안에서 우리는 요한복음을 쓴 목적을 찾을 수 있다. 그것은 20장 31절에 직접적으로 쓰여 있다.

"오직 이것을 기록함은 너희로 예수께서 하나님의 아들 그리스도이심을 믿게 하려 함이요 또 너희로 믿고 그 이름을 힘입어 생명을 얻게 하려 함이니라" 요 20:31

요한은 우리를 위해서 이 책을 썼으므로 우리가 그 목적을 쉽게 알 수 있도록 했다. 그러므로 그는 목적을 단순하고 분명하게 말한다. 그는 사람들이 예수가 그리스도라는 것을 확신하도록 하기 위해 이 책을 기록했다.

두 번째로 읽으면서는 그 책에서 반복되는 구절들을 찾아라. 예를 들어, 마태복음에서 마태는 '예수께서 무엇을 마치셨을 때'우리는 창세기에서 이런 구절을 종종 발견한다, '이것은 어디 어디에 기록된 바', '이것은 무엇 무엇을 이루려 하심이라'라는 구절을 반복한다. 이처럼 반복되는 구절들은 당신이 그 책의 목적과 전개 방식을 이해하는 데 도움이 된다.

세 번째로 읽으면서 그 책을 큼직한 몇 개의 덩어리로 나눠라. 성경의 각 권은 큰 부분들로 나눌 수 있다. 그리고 각 부분은 하나의 초점을 가진다. 또한 이 부분들은 서로 보완하면서 하나의 더 큰 주제를 향해 연결된다. 이 부분들이 서로 보완하고 연결되는 방식은 여러 가지이다. 예를 들어 사무엘 상·하는 등장인물에 의해 여러 부분들로 나뉜다. 이 두 책은 사무엘, 사울, 다윗의 전기 형식으로 쓰여 졌기 때문이다. 출애굽기에서는 지리적인 위치에 따라 하나하나의 큰 부분들을 구분할 수 있다. 즉 이집트에서의 이스라엘, 시나위에서의 이스라엘, 광야에서의 이스라엘로 크게 나눌 수 있다. 또한 창세기의 처음 열한 장은 시간 순서대로 구성되어 있다.

조금만 생각하면 성경의 각 권을 크게 나눌 수 있는 방식을 쉽게 발견할 수 있을 것이다. 사실 성경의 모든 책들은 다음의 다섯 가지를 중심으로 구성되어 있다.

1. 사람 (사무엘 상·하, 역대 상·하, 창세기 2-50장)

2. 장소 (사도행전, 여호수아)

3. 사건 (복음서들, 창세기 1-11장)

4. 생각 (로마서, 잠언)

5. 시간 (누가복음, 요한계시록)

2단계_ 그 책에 '대해서' 찾아 읽어라.

다음으로 나는 요한복음에 관해 좋은 스터디성경이나 강해서의 서론을 찾아 읽기를 권한다. 왜 처음부터 이런 자료들을 찾아 읽도록 하지 않았는지 궁금할 것이다. 사실 이런 자료들로부터 첫 번째 단계에서 내가 직접 찾도록 시킨 모든 정보를 한꺼번에 얻을 수 있기 때문이다. 처음 성경연구 방법을 가르치기 시작했을 때는 학생들에게 몇몇 스터디성경을 참고하도록 했고, 좋은 강해서들도 찾아보도록 권했었다. 그러나 나는 당신이 스스로 성경으로부터 더 많은, 더 나은 것들을 직접 찾을 수 있다고 생각한다. 오늘날에는 다양한 목적과 필요를 위해 출간된 스터디성경들이 많이 있다. 그런 탁월하고 유용한 자료들의 이점을 취하지 않는 것은 어리석은 일이라고 생각한다. 스터디성경은 당신의 조사와 연구를 바로 잡아주고 확신을 줄 수 있기 때문이다. 또한 부가적인 정보들을 제공함으로써 당신의 성경연구를 도와줄 것이다.

여기 스터디성경으로부터 얻을 수 있는 정보의 항목들이 있다.

연대표

개론

필수적인 통계, 목적, 저자, 독자, 쓰여 진 시기, 핵심구절, 핵심장소, 핵심인물

특징과 주제

핵심장소의 지도

스터디성경뿐만 아니라 그밖에 많은 자료들을 인터넷이나 소프트웨어에서 활용할 수 있다. 다음 장에서 이런 자료 각각의 이점을 자세히 설명하겠지만, 중요한 것은 이 자료들을 스스로 성경을 읽고 연구하는 데 시간을 투자하고 싶지 않기 때문에 손쉽게 달려가 기대는 목발로써가 아니라 당신 스스로 성경을 연구하는 데 지혜롭게 활용하라는 것이다.

'제목 표' 만들기

요한복음을 몇 번 읽은 후에 주제, 큰 구분, 배경에 친숙해졌다면 이제 첫 번째 표를 만들 준비가 된 것이다. 당신은 표를 만드는 방법을 선택할 수 있다. 연필과 종이를 가지고 손으로 그릴 수도 있고, 컴퓨터를 이용해 만들 수도 있다.

1단계 _ 여러 가지 제복 표늘

표로 만들 첫 번째 항목은 '장들'이다.

제목 표							
장	1	2	3	4	5	6	7
장 제목							

위의 표를 보면서 "잠깐만! 조쉬, 성경에는 장들에 제목이 붙어있지 않아요."라고 말할지도 모른다. 그렇다. 당신이 직접 장들에 제목을 붙여야 한다. 그러나 제목을 붙이는 전에 먼저 요한복음에서 당신의 관심사가 무엇인지를 결정해야 한다. 만약 당신의 주된 관심이 이 책의 기본적인 내용이라면 그 기준으로 각 장의 제목을 붙여야 한다. 만약 당신의 관심이 이 책의 신학적 의미에 있다면 당신의 장 제목은 그것에 초점을 맞추고, 그것을 반영해야 한다.

예를 들어, 당신의 초점이 내용이라면 요한복음 11장의 제목을 '나사로의 부활'이라고 붙일 것이다. 그러나 만약 당신의 관심이 신학적 의미에 있다면 당신은 11장의 제목으로 '죽음을 넘어선 예수 그리스도의 능력'을 선택할 것이다. 이런 식으로 당신의 관심사에 따라 제목을 붙이는 기준이 다르게 적용될 수 있다. 만약 당신이 그 장의 기본적인 사건이나 주제를 요약하는 제목을 붙인다면 그 장의 필수적인 내용들을 기억해내는 데 도움을 얻을 수 있을 것이다.

성경을 출간하는 많은 출판사들이 이미 이런 장 제목을 제공하고 있다. 그러나 당신이 성경을 스스로 공부해서 자신만의 성경 지식을 얻기 원한다면 출판사가 붙인 장 제목은 무시하기를 권한다또는 장 제목이 붙어있지 않은 성경을 가지고 연구하는 편이 낫다. 당신의 성경연구를 온전히 자기 자신의 것으로 채워나가라. 이러한 연습은 성경과 친밀해지는 필수과정이다.

　나는 당신이 성경연구를 시작하기 전에 한 가지를 더 지적하고 싶다. 성경의 장 구분은 성경의 저자가 한 것이 아니라는 사실을 기억하라는 것이다. 저자들은 장 구분 없이 연속적인 흐름으로 문장을 썼다. 장 구분은 후에 학자들이 연구하기 쉽고, 분명하게 하기 위해서 덧붙여진 것이다. 대부분의 장 구분은 자연스럽게 맞아 떨어진다. 그러나 불행하게도 어떤 장들은 그렇지 못하다. 그래서 성경을 연구할 때 장 구분이 걸림돌이 된다면 장의 구분을 조정하는 데서 자유로워도 좋다. 당신은 가끔씩 앞장으로부터 몇 구절을 옮길 필요를 느낄 지도 모른다. 또는 한 가지 생각의 흐름을 완성하기 위해 다음 장의 한두 구절까지 포함시켜야 될 수도 있다. 그럴 때 주저하지 마라. 당신이 그렇게 한다고 해서 성경을 훼손하는 것이 아니다.

　장 제목을 붙일 때 구체적이어야 한다. 만약 장 제목이 너무 일반적이라면 그 제목은 어느 장에나 붙여도 어울릴 것이다. 당신은 단지 어떤 장의 주제를 알기 위해서 이 작업을 하고 있는 것이 아니다. 나는 어떤 장의 제목을 떠올리면 즉시 다른 장의 제목들과 연관해서 그 내용이 성경의 어디에 있는지를 떠올릴 수 있다. 내가 붙인 장 제목들은 특색 있기 때문에 나는 내가 붙인 장 제목으로 그 장의 구체적인 내용뿐 아니라 성경 안에서 그 장의 문맥 또한 기억해낼 수 있다. 당신이 그 성경을 쉽게 기억해내는 실마리가 되도록 장 제목을 만들어라. 그렇게 붙인 장 제목으로 모든 장의 내용을 끌어당겨 한 손에 움켜잡아라. 따라서 장 제목은 기억하기 쉽도록 짧게 정하는 것이 중요하다.

만약 당신이 재치 있는 사람이라면 세목을 붙이는데 유머를 사용하기를 주저하지 마라. 내 학생 중 한 명은 요한복음 4장의 제목을 다음과 같이 붙였다. "well, well" 그 장의 주된 두 가지 사건, 우물가의 여인과 백부장의 아들을 고친 사건을 떠올리게 하는 재치 있는 말장난이다. 또 다른 학생은 요한복음 9장에 이런 제목을 붙였다. '눈먼 사람이 바리새인보다 더 잘 본다' 이것은 '정식 신학교육을 받은 바리새인들이 고침 받은 장님보다 영적 통찰이 부족하다'는 본문 해석에서 나온 제목이다. 창조적이 되라. 유머가 있는 창조적인 제목들은 기억하기에 가장 좋은 장치이다.

2단계 _ 단락 '제목 표'

장들에 제목을 붙이는 작업이 끝나면 이제 단락에 제목을 붙이는 단계로 넘어간다. 단락 제목들은 표에서 같은 칸의 장 제목 아래쪽에 세로로 채우면 좋다. 물론 모든 장이 단락으로 구분될 수 있는 것은 아니다. 또한 단락으로 구분되어 있는 번역본들의 단락이 똑같이 나누어져 있지 않다는 사실을 알아차려야 한다. 그러므로 만약 당신이 나눈 단락 구분이 당신의 성경에 있는 단락 구분보다 설득력이 있다면 스스로 지은 단락 구분으로 성경연구를 진행해도 좋다.

당신의 단락 제목들 역시 짧고 요점이 있어야 한다. 단락 제목에 세세하고 많은 정보를 담을 필요는 없다. 막상 단락 제목을 붙이기 시작하면 단락 내용을 더 잘 기억해내기 위해 네 개나 여섯 개 정도의 단어로 단락을 요약하고 싶어질 것이다. 그러나 성경연구 과정을 계속 배워나가면서 당신은 기억력을 자극하는 데 두세 단어 이상이 필요하지 않다는 사실을 알게 될 것이다. 단락에 제목을 붙이는 목적은 당신이 그 단락에 대해 아는 모든 정보를 불러오기 위해 당신의 기억에 단 한 번 마우스를 클릭하는 것이다. 그리고 당연히 각 단락 제목 위에는 그 단락에 속하는 성경구절이 어디인지를 표시해 두어야 한다.

이 과정을 실제로 연습할 때 요한복음 1장에 대한 나의 제목 표를 참고하도록 보여주는 것이 좋겠다. 요한복음 1장에 대한 나의 장 제목은 '알려지는 예수님'이다. 이 제목은 각 단락 제목들을 하나의 주제로 모아주기 때문에 아주 잘 붙여진 제목인 것 같다. 나의 제목 표를 보면 내가 지금까지 설명한 것이 무엇인지 금방 이해할 수 있을 것이다.

요한복음, 장, 제목 표			
장	1	2	3
장 제목	알려지는 예수님		
단락 제목	**1-5** 말씀으로서 알려지다. **6-8** 세례요한에 의해 알려지다. **9-13** 우리에 의해 알려지다. **14-18** 그의 영광에 의해서 알려지다. **19-28** 하나님의 어린양으로서 알려지다. **35-42** 안드레에 의해 알려지다. **43-51** 나다나엘에 의해 알려지다.		

요한복음 1장의 첫 번째 단락은 요한복음 1절에서 5절까지이다. 이 단락에서 요한은 존재하는 모든 것의 창조자가 되시는 말씀으로 정의된, 모든 것 이전부터 존재하신 하나님으로서의 예수님을 소개한다. 이 단락에 대한 나의 단

락 제목은 '말씀으로서 알려지는 예수님'이나. 나음 틴릭은 C 8절이다. 이 단락에서 우리는 임박한 심판을 선언하는 세례요한에게서 예수님을 소개받는다. 이 단락의 제목은 '세례요한에 의해 알려지다'로 붙였다. 9–13절까지의 단락 제목은 '우리에 의해 알려지다'이고, 14–18절까지의 제목은 '그의 영광에 의해서 알려지다'이다. 이 표에 적힌 나머지 단락 제목들도 볼 수 있을 것이다. 나는 이 과정을 통해서 당신이 성경연구를 위한 큰 그림을 얻기 원한다. 나의 단락 제목들은 이 장에서 내가 발견한 주제이자 장 제목인 '알려지는 예수님'을 반영하고 있다.

같은 단어를 반복하는 이런 식의 제목 구성은 그 장을 기억하는 데 엄청난 도움을 준다. 각 단락 앞에 붙여진 '알려지는'이라는 주제는 내 기억을 끄집어내는 데 도움을 줄 뿐만 아니라 그 기억을 계속 보관하는 데도 큰 도움을 준다. 이것은 마치 목걸이를 만드는 과정과 비슷하다. '알려지는'이라는 단어를 줄로 사용해서 내 기억력에 진주를 꿰는 것처럼 각 단락의 내용을 줄줄이 꿰는 것이다. 말씀으로서 알려지다, 세례요한에 의해 알려지다, 우리에 의해 알려지다, 그의 영광에 의해서 알려지다 등등. 이 방법은 나에게 잘 작동되는 기억법이지만, 당신에게는 다른 방식의 기억법이 잘 작동될 수도 있다. 모든 사람의 생각은 다르게 작동되기 때문이다. 당신의 기억력에 자극을 줄 수 있는 적절한 방아쇠를 찾는 것이 중요하다.

어쩌면 당신은 이 표를 만드는 과정조차 나와 다른 방식으로 하고 싶을 수도 있다. 어떤 사람은 단락 제목을 먼저 붙이는 것이 그 장 전체의 주제를 파악하고 이해하는 데 도움이 되고, 더 나은 장 제목을 떠오르게 하기 때문이다.

그들은 단락 제목들을 조합해서 장 제목을 생각해 낼 것이다. 어느 편이든 당신에게 가장 쉽고, 당신의 기억에서 정보들을 꺼내는 데 가장 도움이 되는 쪽을 택하면 된다.

당신이 좌절하는 것을 막기 위해 내가 항상 이렇게 잘 정돈된, 분명하며 완벽하게 한 주제를 드러내는 단락 제목을 붙이는 것은 아니라는 사실을 말해주고 싶다. 떨어진 진주 같은 단락들을 한 줄로 꿸 수 있는 한 단어를 찾아내는 일은 내게도 쉽지 않다. 가끔씩 어떤 장의 단락들은 도저히 한 주제로 간단하게 통일시킬 수 없을 만큼 산만하다. 사실 요한복음의 다음 장이 바로 그런 경우다. 2장의 처음 부분에서 예수님은 가나의 혼인 잔치에서 물을 포도주로 바꾸신다. 그리고 그 장의 나머지 부분에서 성전을 깨끗이 청소하신다. 사건 위주가 아니라 신학적인 관점을 중심으로 표를 만든다면, 나는 이 장을 '예수님께서 그의 권위를 보이시다'라는 제목으로 통일시킬 수 있을 것이다. 그는 기적을 보임으로써 자연을 다스리는 권위와 성전을 깨끗게 하심으로써 사람보다 뛰어난 권위를 드러내셨다. 그러나 나는 지금 사건 중심으로 표를 만들고 있기 때문에 그 관점을 일관되게 유지해야 한다. 그래서 나는 하는 수 없이 다음과 같이 2장의 제목을 붙였다. '결혼식의 포도주와 성전 청소' 이 제목은 재치 있거나 창조적이지 않다. 그러나 나의 요점은 당신의 제목이 항상 상상력이 풍부하거나 정확하지 않아도 괜찮다는 것이다. 이 작업은 단지 당신의 기억력을 자극하기 위한 것이기 때문이다.

3단계 _ 핵심단어, 핵심구절, 배경지식

당신의 '제목 표' 맨 밑에 그 장의 핵심단어와 핵심구절을 적는 칸을 만들면 좋다. 핵심구절은 그 장의 주제를 요약해 주거나 주제를 설명하는데 가장 적절한 한 구절을 선택하면 좋다. 핵심단어는 그 구절에서 주제를 가장 선명하게 보여주는 한 단어를 선택하면 된다.

예를 들어 요한복음 1장의 핵심구절은 첫 구절일 것이다. 1장의 나머지 부분은 그 주장을 설명하고 변호하기 때문이다. 그러므로 1장의 핵심단어는 당신이 추측하는 것처럼 '알려진'이다. '제목 표'에 핵심단어와 핵심구절을 어떻게 추가하면 되는지 샘플 표를 보면 알 수 있을 것이다.

핵심구절과 핵심단어는 단순히 그 장의 주제를 선명하게 보여줌으로써 주제가 더 잘 기억나도록 돕는 부록 정도로 생각하면 된다. 즉 문장 끝에 붙는 느낌표나 아이스크림 위의 체리 장식 같은 것이다.

'제목 표'가 일단 완성되면, 후에 이 표가 계속해서 성경연구를 해나가는 데 매우 유용하다는 것을 알게 될 것이다. 새로운 생각이 떠오를 때나 새로운 정보들이 조금씩 덧붙여질 때 그것들을 체계적으로 추가하는데 좋기 때문이다. 마지막으로 표를 완성하기 위해 표의 빈 공간에 아래의 정보들을 덧붙여라표를 만든 종이의 뒷장도 괜찮다.

저자

그 성경이 쓰여 진 시기

쓰여 진 장소

핵심구절

핵심단어

역사적 배경

지리적 배경

그 밖에 당신이 발견한 유용하거나 재미있는 정보들

　　사실 이 모든 정보들은 성경핸드북, 성경사전, 스터디성경, 주석 등을 이용해 손쉽게 한 번에 얻을 수도 있다.

갈라디아서					
장	1	2	3	4	5	6
장 제목	바울의 젊은 날의 자서전	이방인을 위한 은혜의 복음	법 VS 은혜	그리스도 안에 있는 자유	성령 안에서 자유롭게 동행하기	훈계들
단락 제목	1-5 인사 6-10 전해야 할 유일한 복음 11-17 전해야 할 바울의 사명 18-24 예루살렘 에서의 바울의 평판	1-10 사도들의 인정 11-12 바울이 베드로에 맞서다	1-14 율법은 길이 아니다 15-22 예수님과 율법 23-29 그리스도와 하나 됨	1-7 그리스도 안에서 아들의 권리 8-11 노예 되기를 거부하는 자유민 12-20 바울의 실망 21-31 이삭과 이스마엘	1 자유 안에 거하라 2-12 배척된 율법주의 13-15 사랑을 위한 자유 16-24 성령 안에서 동행 25-26 성령 안에서 겸손	1-5 서로의 짐을 지라 6-10 성령 안에서 성숙 11-16 오직 십자가를 자랑 17-18 설교요약 마무리
핵심 구절	12	2	13	31	22	10
핵심 단어	폭로	이방인들	법	자유	성령	성숙

● 요한복음을 여러 번 읽어라.

● 요한복음 1장에서 6장을 최소한 세 번 이상 읽어라.

● 이 장에서 배운 방법대로 당신의 '제목 표'를 작성하라.

3장
옳은 질문을 하라

무엇을 찾을 것인가

CCC사역을 할 때 나는 아르헨티나로 발령을 받은 적이 있다. 미국인인 나는 그들이 가장 좋아하는 스포츠가 미식축구나 농구가 아니라 축구라는 것을 알았을 때 문화충격을 받았다! 그 나라에서 나는 처음으로 축구 경기를 보았는데 보는 내내 혼란스러웠다. 나는 경기를 보면서도 경기장에서 무슨 일이 일어나고 있는지를 완전히 알 수 없었다. 축구의 규칙이나 전략을 전혀 몰랐기 때문이다. 그러나 여러 번 축구 경기를 함께 보면서 설명을 들은 이후에는 규칙과 전략뿐 아니라 축구 선수의 미세한 움직임까지 보는 법을 알게 되었다. 심지어 나는 축구 경기에 참여하기 시작했고 나중에는 선수들과 심판에게 충고하기 위해 소리를 지르기도 했다. 지금은 축구 경기에서 무엇을 보이야 하는지를 잘 알고 있는데 그러한 지식은 축구 경기에 대한 나의 참여도와 즐거움을 엄청나게 배가시켰다.

성경연구도 마찬가지이다. 만약 당신이 성경이 무엇에 관한 이야기인지, 성경이 어떻게 쓰여 진 책인지, 아무것도 모른다면 성경에서 무엇을 봐야 할지 모를 것이고, 성경은 그저 혼란스럽고 재미없는 책이 될 것이다. 당신에게 성경은 가끔씩 필요한 영감을 얻기 위해 달려가는 창고이거나 읽어야 하기 때문에 읽는 그런 책이 되고 말 것이다. 그러나 당신이 성경의 표면적인 이야기 아래에 있는 것들을 보는 법을 배우기만 한다면 이 책을 통해 하나님의 수많은 계시와 진리들이 당신에게 쏟아지기 시작할 것이다. 그러므로 성령의 도움으로, 성경을 통해서, 하나님이 당신에게 보여주기 원하는 것이 무엇인지 알고 싶다면 성경에 다가가는 방법을 배워야 한다. 성경을 보는 법을 아는 것이 중요하다는 사실을 알 때 당신은 그런 능력을 갖추기 위한 노력을 시작할 것이다.

관찰하는 법을 배운다는 것은 '무엇이 정말로 거기 있었는지' 찾는 법을 배우는 것과 같다. FBI는 신입요원들에게 관찰의 기술을 가르치기 위해 훈련용 영화를 사용하는데 그 중 한 영화는 3분 정도의 길이로 기차 강도 사건을 담고 있다. 이 훈련용 영화를 보여주고 신입요원들에게 백 가지 이상의 관찰 질문을 던진다. 예를 들어 그 질문리스트에는 이런 질문들이 있다. "그 남자는 왼손잡이였습니까?", "그의 뒷주머니에는 무엇이 있었습니까?", "그 여자는 시계를 차고 있었습니까?" 등등.

나는 이런 식으로 영화를 보여주고 나서 성경연구 방법에 관한 강의를 시작하는 교수를 알고 있다. 백 개 이상의 질문에 서른다섯 개를 맞추는 것이 평균이었다. 그런데 일 년 동안 FBI 훈련을 받은 적이 있는 전직 FBI요원이 그 교수의 수업을 들었을 때, 그는 전에 그 영화를 본 적이 없음에도 질문리스트의 모든 질문에 옳게 대답했다. 무엇이 다른가? 그는 무엇을 찾아야 하는지 알고 있었다!

무엇을 찾아야 할지 모르는 것 외에도 성경연구의 관찰 단계에서 또 다른 문제는 '어떻게 보는지'를 모르는 것이다. 이것은 전도와 비슷한 면이 있다. 보통 어떻게 전도해야 하는지를 모르는 사람은 전도하지 않는다. 마찬가지로 어떻게 성경을 봐야 하는지 모르는 사람은 성경을 보지 않는다. 그들은 성경을 읽을 수는 있지만 자신이 읽는 것의 의미를 알 수 없기 때문에 성경 읽기를 포기하는 것이다. 대부분의 사람들이 그림을 보는 법을 모르기 때문에 위대한 예술가의 작품을 의미 없이 놓치고 만다. 미술관에서 이런 장면을 본 적이 있을 것이다. 방문객의 한 그룹은 그림을 지나치면서 웃으며 농담을 주고받는데, 다른 그룹은 같은 그림 앞에 멈춰 서서 숨도 쉴 수 없는 경이로움으로 그림을 바라보고 흥분해서 그 의미와 감동을 서로 나눌 것이다. 왜 이렇게 다른 반응을 보이는가? 두 번째 그룹은 그림을 어떻게 봐야 하는지 알았기 때문이다. 그들은 그림의 색, 형태, 흐름, 조화, 구성 같은 것들이 모두 의사소통의 요소라는 사실을 이해하고 있다. 그런 면에서 우리가 그림을 판단하는 것이 아니라 '그림이 우리를 판단한다!'라는 농담을 하기도 한다. 같은 말을 성경으로부터 어떤 것도 얻을 수 없다고 말하는 사람에게 하고 싶다. 그들이 성경 읽기에 실패하는 것은 '성경'에 대해서 말해주는 것이 아니다, '그들'에 대해서 말해주는 것이다.

효과적인 성경연구의 세 번째 방해 요소는 단순한데 '성경을 보지 않는 것'이다. 체스터톤Chesterton은 "기독교는 원하는 사람에 의해서 발견되어 온 것이 아니라, 노력하는 사람에 의해서 의도치 않게 발견되어 왔다"라고 말했다. 이 말이 성경연구에도 적용될 수 있을 것 같다. 사람들은 성경 한 장에 대한 이해 조차 노력 없이 저절로 떠오르는 것이 아니라는 사실을 알았을 때, 그냥 성경을 덮고 노력하기를 포기한다. 결국 그들은 성경을 보지 않기 때문에 성경을 알 수도 없게 된다.

내가 앞에서 말한 것처럼 쉬운 길은 없다. 특별히 빠른 길도 없다. 성경연구는 노력이 필요하다. 그러나 그 보상은 엄청나게 만족스러울 것이다. 하나님과 그의 말씀에 대한 지식은 당신을 변화된 삶으로 인도할 것이다.

여섯 가지 기본질문

이 여섯 개의 기본질문을 활용하면 성경에서 무엇을 찾고, 어떻게 봐야 하는지를 배울 수 있다.

누가?

무엇을?

언제?

어디서?

왜?

어떻게?

이 질문들을 활용하는 것이 초등교육식 접근 같다는 생각이 들 수도 있지만 개의치 마라. 기자들도 자신의 모든 글에 이 질문을 사용한다. 왜냐하면 이 여섯 개의 질문은 면밀히 조사하는 데 효과적인 도구이기 때문이다.

이 질문들 하나하나가 표면을 뚫고 들어가 가능한 한 많은 정보들을 캐낸다. 나는 이 질문들이 성경의 의미를 캐내는 데도 똑같이 유용하다는 것을 알았다. 그래서 나는 이 질문들을 표면적인 글 아래에 있는 것들을 자세히 조사하는 데 즐겨 사용한다. 이 질문들은 '무엇이 정말로 거기 있었는지'를 보도록 도와주기 때문이다.

그런 이유로 나는 이 여섯 개의 기본질문을 '표면을 고르는 기계'라고 부른다. 왜냐하면 이 질문들은 표면에 즉각적으로 드러나지 않은 정보들을 긁어오기 때문이다. 이 질문들을 쉽게 '묻혀 있는 보물을 캐내기 위한 굴삭기'라고 생각해라. 그것들은 본문 속으로 깊이 들어가 진실을 캐낸다. 그리고 숨겨진 생각과 의미를 표면으로 가지고 나온다. 그리고 이 질문들은 우리에게 '어떻게 봐야하는지'를 가르쳐 준다. 주어진 본문을 연구할 때 '누가?'라는 굴삭기는 본문에 나오는 사람들의 인격적인 특성에 관한 정보들을 표면으로 가지고 나온다. '어디서?'라는 굴삭기는 장소에 대한 정보들을 건져 올려 당신에게 필요한 단서를 줄 것이다.

그럼 이제 어떻게 이 질문들을 사용하는지 구체적으로 알아보자. '누가?'라는 질문을 사용해서 요한복음 1장 21절을 살펴보자. 사실 이 본문은 본문 자체가 우리에게 이 질문을 던지고 있다. 세례요한이 자신이 메시아임을 부정한 이후에 유대인의 지도자들은 그에게 이렇게 물었다. "자, 그러면 당신은 누구인가?" 이 질문은 이 본문을 연구하기 위해 우리가 물어야 할 질문이다. 단지 "세례요한이 누구입니까?"라고 묻는다면 다음 단락에 나오는 세 구절에서 요한 자신의 답을 발견할 수 있다.

두 번째 질문은 '무엇을'이다. '이 본문에서 말하고 있는 것은 무엇인가?' '무슨 일이 일어나고 있는가?' '이 본문 속에 나오는 사람들은 무엇을 했는가?' '그 행동의 원인은 무엇인가?' '무엇을?'과 관련된 질문은 얼마든지 만들 수 있다.

다음 질문은 '언제?'이다. '본문 속의 사건이 언제 일어났는가?' '만약 본문이 예언이라면 그것은 언제 일어날 것인가?' 이처럼 '언제?'라는 질문은 역사적 시점을 묻는 질문이다. 즉 역사적으로 과거에 일어난 사건이거나 미래에 일어날 사건이라면 '언제?'라는 질문은 한 본문과 다른 본문의 시간대가 겹치거나 구약의 예언적 본문이 신약에서 성취될 때 두 본문을 연결시킬 단서를 준다.

네 번째 질문은 '어디서?'이다. '기록된 사건이 어디에서 일어났는가?' '인물들은 어디로 가고 있는가?' '예언적 성취는 어디에서 일어날 것인가?'라는 질문을 만들 수 있을 것이다.

다섯 번째 질문인 '왜?'는 동기와 이유를 알아내는 데 도움을 준다. '그는 왜 그렇게 말했는가?' '그는 왜 거기에 갔는가?' '그는 왜 그렇게 했는가?' 등의 질문을 본문에 던질 수 있을 것이다.

성경연구 GUIDE BOOK

마지막으로 '어떻게?'라고 물어야 한다. '본문의 사건은 어떻게 일어났는가?' '그것이 어떻게 일어날 수 있었는가?' '그것은 어떻게 될 것인가?' 이처럼 '어떻게?'라는 질문은 과정에 관해 묻는 질문을 만들 수 있다. '예루살렘 성벽은 어떻게 느헤미야의 시대에 지어졌는가?' '요한복음 9장에서 예수님은 눈먼 사람을 어떻게 고쳤는가?' 또한 '어떻게?'라는 질문은 사실적인 정보 이상을 알려주기도 한다. 즉 당신은 이 질문을 본문에 담겨 있는 감정을 알아보는 데 사용할 수 있다. 예를 들어, '그러한 환경은 성경의 인물에게 어떤 영향을 미쳤는가?' '만약 당신이 요한복음 9장의 눈먼 사람이고 예수님이 당신을 고쳤다면 어떻게 느꼈을 것 같은가?' 같은 식으로 질문을 만들 수 있다.

이 여섯 가지 기본질문을 사용할 때 당신 자신만의 방법과 순서로 자유롭게 사용하라. 어떤 학생은 다음 질문으로 넘어가기 전에 우선 그 장의 모든 구절에 '누가?'라는 질문을 던질 것이다. 다른 학생은 각각의 구절에 여섯 가지 기본질문을 모두 물어보고 다음 구절로 넘어 갈 것이다. 어떤 방식을 선택하든 당신 마음이다.

관찰 표

본문에 이 여섯 가지 기본질문들을 던지면서 그 대답을 관찰 표를 만들어 기록해야 한다. 이 장의 끝에 관찰 표에 대한 샘플이 있다. 이제 관찰 표를 만드는 과정을 알아보자.

첫 번째 칸_성경 본문

첫 번째 칸은 성경 본문을 옮겨 적는 칸이다. 옮겨 적는 방법에는 두 가지가 있는데 간단하게 장절만 쓸 수도 있고(예를 들어, 요한복음 1:10, 본문 전체를 옮겨 적을 수도 있다. 나는 개인적으로 모든 구절을 옮겨 적는 것을 좋아한다. 만약 당신이 컴퓨터로 작업한다면 모든 구절을 옮겨 적기를 권한다. 성경에 관한 소프트웨어나 온라인 자료실에서 그것을 복사해서 칸에 옮겨 붙이는 것은 어렵지 않다.

두 번째 칸_관찰들

이 표의 심장은 가운데 칸이다. 여기에 본문을 연구하면서 당신이 관찰한 것들을 모두 적어라. 여기에 성경을 읽으면서 그냥 자연스럽게 발견한 모든 관찰을 적어라. 아마도 그 관찰 중 대다수가 후에 사용할 여섯 가지 기본질문들을 통해 발견할 정보들과 겹칠 것이다. 또한 '관찰들' 칸은 여섯 가지 질문에 대한 답을 적는 칸으로서 당신이 관찰하고 연구한 결과물들을 보여줄 것이다.

세 번째 칸_질문들

'관찰들' 칸이 당신의 연구 결과를 보여준다면 '질문들' 칸은 그 과정을 보여줄 것이다. 또한 '성경 본문' 칸은 가공되지 않은 원재료 칸이다. 말하자면 '관찰들' 칸은 창고이고, '질문들' 칸은 정보들이 가공되는 공장이다. 성경연구 작업의 대부분은 당연히 공장에서 이루어진다. 그러므로 우리는 '질문들' 칸에서 많은 시간을 보내게 될 것이다.

나는 지금부터 당신이 알고 싶은 것들을 파내는 도구로써 질문들을 활용하는 방법과 그 과정과 결과를 기록한 표를 성경연구에 편리하게 사용하는 방법을 설명할 것이다. 우리는 요한복음 3장 1,2절 상반부를 이것을 배우기 위한 본문으로 사용할 것이다. 여기 본문이 있다. 자, 질문을 시작하자.

"그런데 바리새인 중에 니고데모라 하는 사람이 있으니 유대인의 지도자라 그가 밤에 예수께 와서 이르되 랍비여 우리가 당신은 하나님께로부터 오신 선생인 줄 아나이다 하나님이 함께 하시지 아니하시면 당신이 행하시는 이 표적을 아무도 할 수 없음이니이다" 요 3:1, 2

질문1_누가?

첫 번째 질문은 '누가?'이다. 먼저 '누구'라는 단어를 '관찰들' 칸에 적어라. '관찰들' 칸에 이런 단어를 적을 때는 눈에 잘 띌 수 있도록 굵게 적거나 밑줄을 치는 것이 좋다. 또한 '누구'라는 단어 밑으로 이 질문에 관해 찾은 답들을 기록해야 되기 때문에 칸의 윗부분에 적어야 한다.

다음으로 '질문들' 칸으로 가서 이 본문에서 '누구?'라는 질문과 관련해서 떠오르는 모든 질문을 적어라. 내 노트를 보기 전에 지금 스스로 작성해 보라. 그 후에 내 노트와 비교해 보라. '니고데모는 누구였나?', '당시에 바리새인들은 누구였나?' '당시에 유대인 종교 지도자들은 누구였나?' 이 질문들은 내가 이 본문에서 자연스럽게 떠오른 질문들이다.

자, 첫 번째 질문부터 살펴보자. '니고데모는 누구였나?' 본문에서 이 질문에 대한 답을 얼마나 많이 찾을 수 있는지 몇 분 동안 본문을 관찰하라. 그리고 당신의 관찰 표에 적어라. 그런 다음 내가 찾은 것들과 비교해 보라.

책으로 돌아왔는가? 좋다. 그럼 내가 본문에서 찾은 것을 나누겠다. '니고데모는 누구였나?' 그는 남자였다. 그는 바리새인이었다. 그의 이름은 니고데모였다. 그는 관원이었다. 그는 유대인이었다. 이 모든 사실을 우리는 1절에서 찾을 수 있다(10절에서 우리는 그가 선생이었다는 것도 알 수 있다). 사실 당신은 1절을 한 번 읽는 것만으로도 이러한 것들을 간단히 알 수 있다. 그러나 당신은 아마 지금까지 이런 세세한 부분에 관심을 두며 성경을 읽은 적이 없을 것이다. 이렇게 질문은 당신이 쉽게 지나치던 것들에 멈춰 서서 더 깊이 관찰하도록 만들 것이다. '관찰들' 칸에 적은 '누구'라는 단어 밑으로 이 답들을 적어라.

'누구?'라는 질문에 집중하다 보면 관련된 부수적인 질문들이 떠오를 것이다. 예를 들어 '바리새인들은 누구인가?', '그들은 어떻게 바리새인이 되었나?', '바리새인들의 직업은 무엇인가?', '바리새인과 관원의 관계는 어떠했나?', '바리새인이 되기 위해서는 어떤 자격을 갖춰야 했나?', '무슨 교육이 필요했나?', '유대인들은 누구인가?', '관원들은 누구인가?' 이런 질문들이 '누구?'라는 질문과 관련해서 떠오를 수 있는 질문들이다. 이런 질문들이 생각났다면 모두 '질문들' 칸에 적어라. 당신은 그것들이 성경연구의 다음 단계인 해석에서 매우 유용하다는 것을 곧 알게 될 것이다. 어쩌면 그 중에서 적절한 것만 골라 답을 찾아야 할지도 모른다. 그렇지만 일단 생각나는 모든 질문들을 적어두라. 그러면 잊어버리지 않을 것이고 후에 어떤 질문이 중요한 질문인지를 결정할 수 있을 것이다. 이 표는 당신의 성경연구의 최종 결과물이 아니라 단지 과정일

[불명]. 빈눈이 생모늘을 모으는 과정이다.

질문 2_언제?

다시 본문으로 돌아가 보자.

"그런데 바리새인 중에 니고데모라 하는 사람이 있으니 유대인의 지도자라 그가 밤에 예수께 와서 이르되 랍비여 우리가 당신은 하나님께로부터 오신 선생인 줄 아나이다 하나님이 함께 하시지 아니하시면 당신이 행하시는 이 표적을 아무도 할 수 없음이니이다" 요 3:1, 2

본문의 두 번째 절에서 '언제?'라는 질문의 답이 있다. 니고데모는 '어두워진 후'에 예수님을 찾아왔다. 먼저 한 가지를 일러두고 싶은데 여섯 개의 질문 중 어떤 질문은 정해진 한 두 구절에서 답을 찾을 수 없을 수도 있다. 그러면 다음 질문으로 넘어가는 대신 그것에 답을 줄지도 모르는 다음 절을 살펴보라.

당신의 '관찰들' 칸에 '언제'라는 단어를 적고 그 아래에 '어두워진 후에'나 '밤에'라고 적어라. '언제?'라는 질문에 대한 답은 매우 흥미로워서 즉시 우리를 '왜?'라는 다음 질문으로 이끌어 준다.

질문 3_왜?

왜 니고데모는 어두워진 후에 예수님을 찾아왔을까? 상상해 보라. 니고데모의 입장이 되어 왜 밝은 대낮이 아닌 어두워진 후에 예수님을 찾아왔는지 자신에게 물어라. 마음속에 떠오르는 이유는 무엇이라도 일단 적어두라. 이 단계에서 당신이 맞는지 틀린지를 고민하지 마라. 어느 답이 진실에 가까운지는 해석의 단계로 가면서 차차 결정하게 될 것이다. 개인 성경연구를 위한 연습에서 가장 중요한 것은 당신이 스스로 성경 본문에만 몰두하는 것이다. 나는 이 표가 최종 결과물이 아니라 단순히 성경을 연구하는 과정이라는 사실을 다시 한 번 말해야겠다. 그러므로 당신의 추측들을 기록하기를 주저하지 마라.

당신은 다음과 같은 추측들을 하고 있을지 모른다. 당신이 니고데모처럼 유대인, 바리새인, 관원 그리고 선생이라고 가정하라. 당신은 유대인 사회에서 존경받는 사람이다. 그렇다면 왜 당신은 밤에 예수님을 보러 올 것 같은가? 관찰 단계에서 가능한 이유들을 적어보자.

첫 번째 가능성은 니고데모는 자신이 예수님을 찾아온 것을 누군가에게 들키고 싶지 않았다. 왜 그는 누군가에게 보이고 싶지 않았을까? 바리새인들, 유대인들, 선생들, 관원들에 대한 두려움 때문이었을까? 아니면 자존심 때문이었을까? 만약 그가 유대인 종교 기관의 존경받는 선생이었다면 새로운 경쟁자로 떠오른 예수님을 만나는 것을 동료들에게 들키고 싶지 않았을 것이다. 만약 누군가가 니고데모가 공인되지 않은 벼락 인기 강사를 만나는 것을 본다면?

또 그밖에 어떤 이유로 니고데모는 어두워진 후에 예수님을 만나러 왔을까? 실은 그 이유가 그렇게 흥미로운 것이 아닐 수도 있다. 그는 단순히 그날 낮에 너무 바빴을 수도 있다. 선생이자 지도자로서 그의 낮 시간은 아마도 회의들, 약속들, 수업들로 가득 차 있었을 것이다. 우리는 이 단계에서 어떤 것도 확실히 장담할 수 없다. 아니면 그는 단지 다른 사람들을 의식하지 않고 예수님과 단둘이 이야기하고 싶었을 수도 있다. 낮 시간에 예수님은 수많은 군중들에 둘러싸여 있어서 개인적인 대화를 나누는 것이 불가능했을 것이다만약 이것이 그의 이유였다면 그는 실패했다. 그분과 나눈 사적인 대화가 이천 년 동안 전 세계 사람들에게 읽히고 있다.

여기서 잠깐 멈춰서 우리가 추측한 답들을 체계적으로 정리해 보자.

왜 니고데모는 어두워진 후에 찾아 왔을까?

1. 아무에게도 보이고 싶지 않아서

    A. 두려움 때문에
       1) 바리새인들에 대한
       2) 관원들에 대한
       3) 유대인들에 대한
       4) 선생들에 대한

    B. 자존심 때문에
       1) 자신의 가르침에 대한 자부심
       2) 예수님은 공인되지 않은 벼락 강사

2. 낮 시간에 너무 바빠서
3. 단둘이 이야기하고 싶어서

아직 본문에 세 가지 질문을 던졌을 뿐인데 이 본문에 대해 많은 통찰을 얻기 시작했을 것이다. 위의 여러 가능성들과 동기들을 탐색하면서 우리는 점점 더 본문 속으로 깊이 들어가서 마치 현장에 있는 것처럼 느끼기 시작할 것이다. 그럼 빨리 다음 세 가지 질문으로 넘어가겠다. 나는 다음 질문들에 대해서는 단지 약간의 안내만 할 것이다. 당신은 앞에서 배운 방법대로 스스로 답을 찾고 생각할 수 있을 것이다.

질문 4 _ 무엇을?

본문에서 '무엇을'이라고 묻고 싶은 것이 있는가? 나는 여러 번 '무엇을?'이라고 묻고 싶은 것들을 발견했다. '바리새인이란 어떤 사람들인가?', '바리새인들은 무슨 직업을 가졌는가?', '바리새인과 관원의 관계는 무엇인가?', '바리새인이 되기 위해서는 무슨 교육을 받아야 했는가?', '1세기 유대지역에서 선생이란 어떤 사람들이었나?', '유대인이란 어떤 사람들인가?', '관원이란 어떤 사람들인가?' 이 모든 질문들을 당신의 '질문들' 칸에 적어라. 니고데모의 동기는 본문에서 추측적인 답밖에 얻을 수 없지만 이런 질문들의 답은 매우 분명하다. 또한 이 질문들의 답은 단순히 본문을 관찰해서 얻을 수 없을 것이다. 본문 자체에서 설명하고 있지 않기 때문이다. 즉 이 질문들에 대한 답은 다음 단계인 해석에서 알아봐야 한다. 답을 알기 위해서는 어떤 조사가 필요하기 때문이다. 그러므로 이 질문들에 대한 답을 관찰 단계에서는 설명하지 않을 것이다. 그러나 해석을 위해서 이 질문들을 꼼꼼히 '질문들' 칸에 기록해 두어야 한다.

질문 5 _ 어떻게?

'어떻게?'라는 질문을 하기 위해 본문을 다시 보자.

"그런데 바리새인 중에 니고데모라 하는 사람이 있으니 유대인의 지도자라 그가 밤에 예수께 와서 이르되 랍비여 우리가 당신은 하나님께로부터 오신 선생인 줄 아나이다 하나님이 함께 하시지 아니하시면 당신이 행하시는 이 표적을 아무도 할 수 없음이니이다" 요 3:1, 2

몇몇 질문들이 마음속에 즉시 떠오를 것이다. '그는 어떻게 바리새인이 되었을까?', '자격을 갖추기 위해 어떻게 했을까?', '니고데모는 어떻게 예수님에 대해 알았을까?', '그가 어떻게 예수님이 계신 곳을 알았을까?' 이 질문들에 답을 얻기 위해서 추측 또는 조사를 해야 한다. 해석의 단계에서 알아봐야 하므로 일단 질문들을 적어두라.

질문 6 _ 어디에서?

이 경우 본문은 '어디?'라는 질문에 대답하지 않는다. 내가 앞서 말한 것처럼, 당신은 종종 각 본문에 모든 질문을 적용할 수는 없다는 것을 알게 될 것이다. 그렇더라도 우리는 일단 본문에 모든 질문을 던져보아야 한다. 여섯 개의 질문들은 본문에서 정보들을 캐내기 위한 것이기 때문에 답이 없을 것 같은 질문도 옆으로 밀쳐놓는 대신 본문에서 하나의 단서라도 발견하거나 답이 없다는 것을 확신할 때까지 다음 구절로 넘어가서는 안 된다.

개인 성경연구를 위한 이런 연습을 하면서 당신은 이제 단 한 구절을 연구하는 데도 여러 시간이 걸린다는 것을 알게 되었을 것이다. 이 사실이 당신을 낙담하게 하거나 스스로 성경연구를 하는 것을 포기하게 만들지도 모른다.

당신의 여가시간은 제한되어 있다. 그러나 매일 저녁 여가시간을 보내는 데 성경연구 만큼 좋은 것은 없다. 또한 이 책에서 내가 소개하는 성경연구 방법의 장점은 성경연구에 당신이 원하는 만큼 시간을 할애해도 된다는 점이다. 당신은 성경연구에 많은 시간을 쓸 수도 있고, 적은 시간을 쓸 수도 있다. 만약 당신이 매일 저녁 십오 분의 성경연구 시간을 가지기로 결정했다면 그 시간 동안 할 수 있는 만큼 하라. 그 시간이 매일 쌓이면 어찌됐든 당신은 성경연구로 매일 십오 분을 보내지 않았을 때보다 더 많은 것을 알게 될 것이다. 중요한 것은 어쨌든 당신이 개인 성경연구를 위해 시간을 내는 것이다. 그것이 십오 분이든, 삼십 분이든, 사십오 분이든 말이다. 가끔 당신이 정한 성경연구 시간 외에 시간적 여유가 더 생길 지도 모른다. 가령 공항에서 비행기 시간을 기다리며 보내는 십오 분 동안 당신이 성경에서 얼마나 많은 질문들을 생각해 내고 그 답을 찾을 수 있을 지 생각해 보라.

관찰 표		
성경 본문	관찰들	질문들

4장
더 깊이 들어가기

표면 아래에서 진실을 캐내기

한 소년이 아버지에게 물었다.

"아빠, 블랙홀이 뭐예요?"

"아빠도 모르겠다."

아버지가 대답했다. 몇 분 후에 소년은 다시 물었다.

"아빠, 전기가 뭐예요?"

아버지는 잠시 동안 생각하더니 대답했다.

"설명하기 어렵구나."

잠시 후에 아들이 세 번째로 물었다.

"아빠, 중력이 뭐예요?"

"아빠는 모르겠는데"

아버지가 대답했다. 소년은 물었다.

"아빠, 내가 많이 물어서 피곤하세요?"

"아니, 절대로 그렇지 않아. 네가 질문하지 않는다면 어떻게 배울 수 있겠니?"

나는 당신이 질문하는 데 지치지 않기를 바란다. 성경연구에서 질문이란 제대로 배우는 방법이다. 앞 장에서 우리는 여섯 가지 기본질문을 배우고 그것들을 사용해 본문의 표면을 관찰했다. 자, 이제 열두 개의 연관질문을 사용하는 방법을 배워보자. 연관질문의 목적은 당신이 연구하는 본문과 문맥상 이어진 다른 단락들에서 용어, 사람, 장소, 생각 등을 분석하는 것이다. 지금 당장 내 말을 이해하지 못하더라도 걱정하지 마라. 이번 장에서 내가 친절하게 설명해 줄 것이다.

당신의 '관찰 표' 가운데 칸에 다음 질문의 결과인 관찰들을 적어라.

여기 열두 개의 연관질문이 있다.

1. 비슷하거나 닮은 것들은 무엇인가?

2. 반대되거나 다른 것들은 무엇인가?

3. 반복되는 것들은 무엇인가?

4. 원인과 결과들은 무엇인가?

5. 일반적인 것에서 구체적인 것으로 나아가는 전개 방식이 있는가?

6. 시시직 구성이 있는가?

7. 질문과 대답 형식이 있는가?

8. 문제와 해결 형식이 있는가?

9. 단락의 길이로 본문의 중요도를 알 수 있는가?

10. 어떤 접속사들이 사용되었는가?

11. 어떤 명령들이 있는가?

12. 어떤 약속들이 있는가?

여섯 개의 질문을 사용하는 것을 방법을 배우면서 연습장 한 장을 다 썼는데, 또 다시 열두 개 이상의 질문을 마주하는 부담감이 당신을 압도할지도 모르겠다. 그러나 압도당하지 마라. 요한복음 3장 1–10절 같은 본문에서 당신이 처음 여섯 개의 질문과 이 열두 개의 연관질문을 적용하는 데는 삼십 분도 걸리지 않을 것이다. 물론 당신이 좀 더 숙달된다면 그 이상의 시간을 보내면서 성경연구를 즐길 수도 있다. 이 질문들의 답이 자동적으로 나오는 것은 아니기 때문에 당신은 정신을 집중하고 본문을 살펴야 할 것이다. 그렇지 않으면 답을 발견할 수 없을 지도 모른다. 연관질문들은 이렇게 답을 발견해나가는 과정에서 본문을 잘 분석할 수 있도록 도와줄 것이다.

자, 이 연관질문들을 도구로 사용해 어떻게 본문 깊숙이 숨어있는 지식들을 캐낼 수 있는지 하나씩 살펴보자. 다음 장에서 우리는 주어진 본문에서 당신 원하는 만큼 깊이 들어가서 진리들을 캐내는 데 이 질문들을 어떻게 사용할 수 있는지 보다 자세히 설명하기 위해 질문 하나하나를 가지고 실제로 연습해 볼 것이다.

1. 비슷하거나 닮은 것들은 무엇인가?

이 질문은 당신이 본문을 읽을 때 비교할 것들을 찾도록 도와준다. 기억해라. 사람들이 성경에서 아무것도 보지 못하는 이유는 무엇을 봐야 할지 모르기 때문이다. 그러나 질문은 당신이 찾아야 할 것들을 보이게 만들어 준다. 만약 당신이 본문 속에서 비슷한 것들을 잘 찾아낼 수 있다면 더 쉽게 본문의 의미를 알 수 있게 될 것이다.

요한복음 3장에 관해 다시 이야기해 보자. 그리고 나서 우리는 바로 요한복음 4장을 가지고 연습할 것이다. 예수님과 사마리아 여인이 우연히 만나는 장면을 읽으면서 비교되는 것들을 찾는 연습을 해보자. 우리가 이미 살펴본 요한복음 3장과 어떤 것들이 비슷한가? 일단 두 장의 공통점은 예수님이 자신을 증거할 기회를 가졌다는 사실이다. 그렇다면 이 두 만남에서 서로 비슷한 점은 무엇인가? 아마도 아래와 같은 비슷한 점들이 떠오를 것이다.

둘 다 일대일 만남이었다.

둘 다 등장인물이 종교에 관심을 보였다.

두 경우 모두 예수님이 영적인 대화로 인도했다.

두 경우 모두 예수님은 어려운 대화 소재에 민감하게 대응했다.

두 경우 모두 예수님은 부수적인 언쟁으로 빠지지 않았다.

이러한 비슷한 섬늘은 '그들이 예수님에게 나아오기 위해 알아야만 하는 것이 무엇인지 정확하게 말해주겠다'는 예수님의 굳건한 의지를 보여준다. 이는 예수님에 대한 당신의 이해를 넓혀줄 것이다. 또한 이 본문에서 이런 비슷한 점들은 어떤 사람의 상황이나 배경에 상관없이 모든 사람의 필수적인 필요는 같다는 사실을 보여준다. 즉 우리는 모두 예수 그리스도가 필요하다. 이렇게 이 연관질문을 통해 얻은 영감을 당신의 '관찰 표' 가운데 칸에 적어 두라.

2. 반대되거나 다른 것들은 무엇인가?

이 질문은 본문에서 반대되는 것들을 찾도록 도와준다. 이 질문을 요한복음 3, 4장에 적용시키면 다음의 표에서 보여주는 것처럼 니고데모와 사마리아 여인 사이의 차이점을 알게 된다.

니고데모와 사마리아 여인 사이의 차이점	
요한복음 3장 - 니고데모	요한복음 4장 - 사마리아 여인
남자	여자
유대인	사마리아인
사회적 주요인사	사회적 소외계층
밤에 옴	낮에 옴
여전히 의문	믿음을 가짐
유대교	사마리아 종교
종교 지도자	비종교인
부끄러워함	담대함

이토록 많은 차이점이 있다는 사실이 놀라운가? 당신은 이러한 차이점들이 두 본문을 어떻게 서로 보완하고 있는지 알겠는가? 이 차이점을 이해했다면 당신은 비로소 요한이 왜 3장의 사건 바로 다음에 4장의 사건을 기록했는지 이해할 수 있을 것이다. 두 사람은 모두 예수님을 만났다. 한 사람은 종교적, 사회적으로 높은 계층이었으며 존경받는 사람이었다. 다른 사람은 성적으로 문란하고 사회적으로 소외된 계층이었다. 그러나 예수님은 이 모든 차이점들을 무시하셨다. 그리고 그 둘 모두에게 큰 관심을 보이시며 진리에 대한 더 큰 이해로 인도하셨다. 두 사람을 동등하게 대하신 것이다.

3. 반복되는 것들은 무엇인가?

요한복음에서 예수님이 반복해서 사용하신 구절이 있다. "내가 확신하노니" 아니면 "내가 진실로 말하노니"이다. 이 구절의 반복은 예수님이 '진리에 대한 의심을 극복하는 것'에 많은 관심이 있었다는 사실을 단적으로 보여준다. 예수님은 반복적으로 자신의 말이 절대 진리라고 확언하고 계신 것이다. 그분의 말씀은 진리 중 하나가 아니라 유일한 진리이다. 반복된 단어들, 구절들, 생각들은 그것에 초점을 맞추라는 신호로써 강조하기 위한 표현이다. 그러므로 이런 반복에 주의를 기울여야 한다. 그리고 반복되는 것을 발견하면 왜 그것이 계속 반복되는지를 생각해 보라. 그 이유를 발견할 때 당신은 숨겨져 있던 중요한 의미를 발견하게 될지도 모른다.

성경연구 GUIDE BOOK

4. 원인과 결과들은 무엇인가?

원인과 결과는 어떤 사건이 다른 사건에 영향을 끼쳤다는 뜻이다. 가끔 본문 속에 있는 원인과 결과가 바로 보이지 않을 때가 있다. 이때 어떤 단어들이 당신에게 단서를 제공해 줄 것이다. 원인과 결과를 연결하는 단어로는 왜냐하면, 때문에, 그러므로, 그래서 등이 있다. '왜냐하면'이 사용될 때 결과는 원인 앞에 온다.

> "내가 내 목숨을 버리는 것은 그것을 내가 다시 얻기 위함이니 이로 말미암아 아버지께서 나를 사랑하시느니라" 요 10:17

요한복음 10장 17절에서 예수님에 대한 아버지의 사랑이 결과이고, 원인은 예수님이 우리를 위해 그의 생명을 기꺼이 희생하셨기 때문이다. 즉 우리에 대한 그리스도의 희생적 사랑이 그가 아버지에게 사랑받는 이유이다. 이처럼 원인과 결과의 관계를 분석하면 성경에 대한 우리의 이해가 넓어진다.

5. 일반적인 것에서 구체적인 것으로 나아가는 전개 방식이 있는가?

성경에서 이런 전개 방식은 자주 발견된다. 요한복음 1장 10절에서 우리는 그리스도에 대한 일반적인 설명을 듣는다. "그가 세상에 계셨으며 세상은 그로 말미암아 지은 바 되었으되 세상이 그를 알지 못하였고" 그런 다음 11절에서 우리는 더 구체적인 설명을 들을 수 있다. "자기 땅에 오매 자기 백성이 넝접하지 아니하였으나" 어떻게 일반적인 설명에서 구체적인 설명을 넘어갔는지 알아챘는가? 일반적인 설명은 '온 세상이 그리스도를 깨닫지 못했다'는 것이고, 그것에 대한 구체적인 예는 '그의 백성조차 그를 거절했다'는 것이다. 이러한 설명은 우리에게 두 가지 사실을 가르쳐 준다. 첫째, 이스라엘이 인류를 대표하여 그리스도에 대한 태도의 기준이 되었다. 둘째, 유대인들이 불신앙을 견지하는 동안 이방인들이 예수 그리스도를 받아들였다. 결론적으로 말하면 그 백성은 온 세상에 구주를 전할 책임과 영광을 가졌지만, 그 구원의 계획에서 자기 역할을 감당하는데 실패했다.

6. 서사적 구성이 있는가?

도입-전개-발전 형식으로 진행되는 이야기나 사건이 있는지 찾아라. 보통 서사적 구성은 특정한 행동이나 사건에서 절정에 이른다. 예를 들어 요한복음 전체는 그런 서사적 구성을 잘 보여준다. 예수님의 공적인 사역은 서서히 시작되었다. 그리고 승리의 예루살렘 입성, 초반의 열광적인 한 주, 절정인 십자가 죽음에 이르기까지 계시와 갈등이 점점 증가하면서 이야기가 전개된다.

또한 우리가 이미 살펴본 요한복음 4장에서 서사적 구성의 한 예를 발견할 수 있다. 처음에 예수님은 사마리아를 통과하여 지나가신다. 그러다가 수가에서 멈춰 조상 야곱의 우물에서 물을 긷는 여자를 만난다. 그리고 그녀와 대화를 시작한다. 대화는 그녀의 죄를 직면시킴으로써 회심으로 이끈다. 그녀는 친구들에게 달려가 예수님의 말씀을 들으러 오라고 전한다. 그리고 곧 온 마을이 회심한다. 이런 방식이 이야기를 풀어가는 서사적 구성이다.

7. 질문과 대답 형식이 있는가?

질문과 대답 형식은 중요한 성경적 원리들을 가르치거나 대중을 위한 가르침을 시작하거나 끝낼 때 자주 사용된다. 질문은 듣는 사람이 스스로 생각하게 만들고, 한 문제에 대한 논점을 유지하도록 만들어 주기 때문이다. 그래서 선생들은 결정적인 것을 가르치려고 할 때 종종 날카로운 질문을 던진다. 그러나 질문은 단순하게 모르는 것을 묻고 답할 때에도 사용된다. 요한복음 3장 4절에서 니고데모는 예수님께 이렇게 묻는다. "어떻게 나이 든 사람이 어머니의 자궁에 들어갔다가 다시 태어날 수 있습니까?" 이 질문은 우리 모두에게 기독교의 기본 개념인 거듭남과 하나님 나라에 대한 예수님의 설명을 들을 수 있게 해주었다.

8. 문제와 해결 형식이 있는가?

문제와 해결 형식은 종종 본문의 의미를 발견하는 데 중요한 통찰을 준다. 우리는 요한복음 2장 1-3절에서 그 예를 발견할 수 있다. 가나의 혼인 잔치에서 잔치 주인은 포도주를 떨어지게 했다. 이것은 1세기의 유대문화에서는 매우 곤란한 일이었다. 3절에서 예수님의 어머니 마리아는 이 문제를 예수님에게 설명했다. 그리고 6–10절에서 예수님은 잔치 주인이 그날을 보낸아노록 물을 포도주로 바꾸어 주심으로 문제를 해결하셨다. 11절에서 우리는 예수님이 이런 방법으로 문제를 해결하신 이유에 대해 들을 수 있다. "예수께서 이 첫 표적을 갈릴리 가나에서 행하여 그의 영광을 나타내시매 제자들이 그를 믿으니라"요2:11 문제는 우리를 해결책으로 인도했다. 그리고 그 해결책은 많은 사람들에게 믿음을 주었고, 창조주로서의 그리스도의 능력을 보여주며 요한복음의 서론을 열었다.

9. 단락의 길이로 본문의 중요도를 알 수 있는가?

2005년의 쓰나미는 인도양 주변 국가들에서 15만 명 이상의 목숨을 앗아갔다. 이 보도는 여러 날 동안 주요 신문의 일면을 가득 채웠다. 반면 어떤 지역 은행장이 로터리클럽에서 연설을 한다면 그에 대한 기사는 지역 신문에서 짧은 한 단락을 할당받을 것이다. 즉 사건의 중요성이 지면의 할당량을 결정한다. 같은 원리가 성경에도 적용된다. 성경기자들은 가장 중요한 원리, 사건에 가장 많은 지면을 썼다. 반면 덜 중요한 내용은 몇 구절 또는 그보다 적은 지면을 할당했다. 요한복음은 1장 29절에서 12장 50절까지 예수님의 3년간의 사역을 다루고 있다. 그런데 요한은 13장부터 태도를 바꿔 예수님과 제자들의 마지막 만찬에 대해서 다섯 장, 예수님의 체포, 재판, 죽음에 대해서 두 장, 그의 부활과 부활 이후의 나타나심에 대해서 두 장을 쓰고 있다.

요한이 삼 년에 대해서 열두 장을 쓰고, 하룻밤에 대해서 다섯 장을 썼다면 이것은 예수님과 제자들의 마지막 대화를 강조하기 위한 장치인가? 그렇다! 바로 이것이 저자가 주어진 주제에 대해 어떻게 지면을 할당하는 지에 관심을 가져야 하는 이유이다. 만약 저자가 비교적 짧은 기간에 관해 상당히 자세하게, 천천히 다루고 있다면 우리는 그 본문을 다룰 때 더 신중해져야 한다. 그 본문을 주의 깊게 보고, 그 의미를 알기 위해 더 많은 시간을 써야 한다. 저자가 강조하는 것이야말로 저자가 정말로 하고 싶은 말이 무엇인지를 알려주기 때문이다.

10. 어떤 접속사들이 사용되었는가?

그러나, 때문에, 그리고, 만약, 그러므로 등등의 접속사들은 앞뒤로 단어들을 연결시켜 준다. 앞서 원인과 결과에 대해서 설명할 때 잠깐 언급했듯이, 여기서 우리는 한 사건과 다른 사건, 한 생각과 다른 생각간의 관계를 분명하게 정의해 주는 접속사를 주목해서 살펴볼 것이다. 예를 들어, 요한복음 8장 12절에서 예수님은 "나는 세상의 빛이니 나를 따르는 자는 어둠에 다니지 아니하고 생명의 빛을 얻으리라"고 말씀하셨다. 이 본문에서 '만약'이라는 접속사가 두 내용을 연결하고 있다면 이는 두 내용 사이의 관계를 보여주는 것이다. 여기서 한 내용은 '예수님을 따르는 것'이고, 다른 내용은 '어둠 속에서 행하지 않을 것'이라는 것이다. 그런데 접속사 '만약'은 첫 번째 내용에 대한 두 번째 내용의 의존 관계를 보여주므로, 당신이 두 번째 것을 하기 위해서는 반드시 첫 번째 것을 먼저 해야만 한다.

'만약…하면' 같은 조건 구절을 주의하라. '만약…하면'이라는 말은 성취를 위한 구체적 조건을 설정한다. 만약 당신이 어떤 것을 '한다면', 그러면 하나님이 어떤 것을 '할 것이다'라는 뜻이다. 예를 들어, 요한일서 1장 9절을 보면 "만일 우리가 우리 죄를 자백하면 그는 미쁘시고 의로우사 우리 죄를 사하시며 우리를 모든 불의에서 깨끗하게 하실 것이요"라고 말씀하고 있다. 여기서 '만일'이라는 접속사는 약속에 대한 조건 설정을 보여준다. '만일' 우리가 우리 죄를 '자백하면' 그는 우리를 용서하실 것이다. 이처럼 조건을 나타내는 접속사가 붙은 하나님의 약속은 자동적으로 이루어지는 약속이 아니다.

한편 '…위해서' '…때문에' 같은 목적을 나타내는 접속사 역시 주의해야 한다. 이러한 접속사는 어떤 행동의 목적이나 이유를 밝혀주기 때문이다. 번역본마다 접속사가 다양하게 표현될 수 있지만 결론은 다르지 않다. 빌립보서 3장 12절에서 보면, "내가 이미 얻었다 함도 아니요 온전히 이루었다 함도 아니라 오직 내가 그리스도 예수께 잡힌 바 된 그것을 잡으려고 달려가노라"라고 말씀하고 있는데 이 말씀에서 우리는 바울이 예수 그리스도가 부르신 '상을 얻기 위해서' 달려간다는 사실을 알 수 있다.

11. 어떤 명령들이 있는가?

성경에서 명령은 항상 집중해야 한다. 명령은 오늘날 우리에게도 바로 적용하는 것이 가능하기 때문이다.

12. 어떤 약속들이 있는가?

하나님의 약속에 집중하라. 더불어 그 약속에 어떤 조건들이 첨부되어 있는지 자세히 살피라. 명령이 우리 삶에 실제로 적용하기 위해 중요하다면, 약속은 우리를 영적으로 북돋우고 소망을 주기 때문에 중요하다.

work shop

이번 장에서 배운 열두 개의 연관질문을 사용해 요한복음 2장의 관찰 표를 만들어 보라.

5장
구체적으로 연습해 보자

열두 개의 연관질문을 사용하는 방법을 좀 더 설명하기 위해 우리가 지금까지 살펴본 요한복음 4장을 본문으로 연습해 보자. 4장에서 예수님은 수가의 우물가에서 한 사마리아 여자를 만났다. 나는 이 장면을 본문으로 사용해 기본질문과 연관질문을 통해 필요한 정보를 얻는 방법을 보여줄 것이다.

4장에서 펼쳐지는 작은 드라마에는 단 두 명의 주요인물이 등장한다. 바로 예수님과 사마리아 여자이다. 우리는 이미 예수님이 누구신지 잘 알고 있기 때문에 사마리아 여자에 대해서 좀 더 알아보고 싶을 것이다. 처음에 배운 대로 본문에 기본질문 여섯 개를 던지면서 이 사마리아 여자에 대해 알아보자. 첫 번째 질문은 '누구?'이다. '이 여자는 누구였는가? 4장에 있는 정보들을 통해 그녀의 신분과 성격에 대해 알 수 있는가? 대답은 '그렇다'이다. 당신이 본

문에 '그녀가 누구인지' 묻는다면, 본문은 그녀에 대해 꽤 많은 정보들을 드러
내줄 것이다.

아래는 내가 본문을 통해 알아낸 사실들이다.

1. 그녀는 사마리아인이다9절.

2. 그녀는 유대인과 사마리아인의 인종문제에 민감했다9절.

3. 그녀는 애국자였다. - 자기 민족의 유업에 대한 자부심12절.

4. 그녀는 물을 긷는 것을 좋아하지 않았다15절.

5. 그녀는 창녀였거나 간통한 여자였다18절.

6. 그녀는 종교적으로 원칙주의자였다. - 예배에 대한 원칙이 정해져있다고 생각
   했다20절.

7. 그녀는 메시아를 갈망했다25절, 28-29절.

본문에 '누구?'라는 질문을 던진 결과 우리는 이 사마리아 여자에 관해 꽤
많은 것을 알았다. 그럼 이제 연관질문을 사용해 등장인물에 관해 더 알아보
자. 첫 번째로 사용할 연관질문은 '비슷하거나 닮은 것들은 무엇인가?'이다. 이
본문에서 우리는 예수님과 사마리아 여자 사이에 다음과 같은 공통점들을 찾
을 수 있다.

1. 신체적으로 목말랐다7절.

2. 야곱이라는 공통된 조상을 가졌다12절.

성경연구 GUIDE BOOK

3. 영적인 것에 관심이 있다19-28절.

4. 서로 대화하는 것에 확실히 관심이 있다.

이렇게 질문을 통해 얻은 정보들을 당신의 표에서 '관찰들' 칸에 기록하라.

이 과정을 계속 해나가다 보면 단순하고 분명한 관찰들을 넘어서는 더 큰 원리들을 발견할 수 있을 것이다. 예를 들어 당신은 사마리아 여자와 예수님이 대화하는 장면을 보면서, 예수님이 만난 각 사람을 사랑했다는 사실을 발견했을 지도 모른다. 비록 이 여자처럼 사회적 계층이 낮을지라도 말이다. 또는 우리와 같은 육체적 필요를 가진 예수님의 인성을 발견했을 지도 모른다. 그는 우물가에 앉으셨을 때 피곤했고 목이 말랐다. 또 당신은 어떻게 이 여자가 예수님에게 관심을 갖게 됐고, 어떻게 예수님을 알아봤고, 어떻게 그녀의 영적 갈급함이 채워졌는지를 발견할 수 있다. '관찰 표'에 당신이 관찰한 기본적인 사실들과 함께 당신이 발견한 더 크고 깊은 원리들도 적어 두라.

이제 다음 연관질문으로 넘어가 보자. '반대되거나 다른 것들은 무엇인가?' 이 책의 앞 장에서 우리는 예수님이 3장에서 만난 니고데모와 4장에서 만난 사마리아 여자 사이의 다른 점을 찾기 위해 비슷한 연습을 했었다. 이번에는 예수님과 사마리아 여자 사이의 다른 점을 찾아보자. 그리고 당신이 관찰한 것들을 '관찰 표'에 적으라.

다른 점	
사마리아 여자	예수님
성적으로 문란함	하나님의 아들, 랍비
여자	남자
사마리아인	유대인
사마리아 종교	유대교
사마리아 출신	유대출신

여기서 잠깐 멈추겠다. 관찰 다음 단계인 해석을 위해서 우리가 이 장에서 더 주의 깊게 살펴야 할 몇 가지를 일러두고 싶다. 해석의 단계로 들어가면 우리는 예수님과 사마리아 여자 사이의 다른 점들에 대해 이렇게 물을 것이다. '이 다른 점들은 무엇을 의미하는가?', '이러한 차이점이 그들의 관계와 대화에 어떤 영향을 미쳤는가?', '그것들이 둘 사이에 장벽을 만들었는가?' 아니면 '둘 사이의 다른 점들이 대화에 그렇게 중요하지 않았는가?' 해석의 단계에서 이런 질문들에 답하기 위해서는 여러 기본질문과 연관질문을 적용해봐야 할 것이다. 각각의 다른 점들에 이렇게 질문해 보라. "이 차이점이 예수님과 사마리아 여자의 대화에 어떤 장벽을 만들었는가?"

이쯤 되면 당신은 단순히 본문을 관찰하는 것만으로 모든 답을 얻기 어렵다는 사실을 깨닫게 될 것이다. 이 질문들에 답하기 위해서는 성경 외적인 조사와 연구가 필요하다. 이런 외부 자료들을 활용하는 것은 관찰이 아니라 해석이다. 본문을 관찰하거나 본문 속에서 의미를 탐구하는 것을 넘어서기 때문이다. 나는 다음 장부터 해석에 관해 설명할 것이다. 그러나 내가 여기서 하고

성경연구 GUIDE BOOK

싶은 말은 개인 성경연구를 할 때 각 단계들을 반드시 순서대로 거쳐야 한다는 고정관념을 갖지 말라는 것이다. 오히려 융통성이 필요하다. 즉 관찰과 해석을 안팎으로 자유롭게 움직여라. 지금부터 우리는 예수님과 사마리아 여자 사이의 다른 점들을 찾으면서 관찰과 해석 사이를 넘나들 것이다. 당신은 관찰을 하다가 잠깐씩 해석의 단계로 이동해야 한다. 또한 어떤 해석적인 질문에 대한 답이 떠오른다면 그 통찰과 원리를 기록해 두라. 뿐만 아니라 해석의 단계에서 본격적으로 다시 조사하고 생각해 볼 질문이 떠오른다면 그것도 기록해 두어야 한다.

이제 본문으로 돌아가자. 본문에서 예수님은 자신과 사마리아 여자 사이의 장벽들을 굉장히 효과적으로 부숴버렸다. 자연스럽게 '어떻게?'라는 질문이 튀어나올 것이다. 예수님은 어떻게 그렇게 하셨는가?

첫째, 예수님은 전통을 무시하고 자신만의 방식으로 사마리아 여자를 대했다. 그것이 얼마나 오래된 전통인지는 중요하지 않았다. 요한복음 4장 3-4절에 보면 "유대를 떠나사 다시 갈릴리로 가실새 사마리아를 통과하여야 하겠는지라"라고 말씀하고 있다.

유대와 갈릴리는 로마제국의 지배하에 있었고, 사마리아는 그 두 지방 가운데 있었다. 유대인은 사마리아인을 경멸해서 유대에서 갈릴리로 갈 때, 사마리아 땅을 밟지 않기 위해 사마리아를 통과하지 않고 다른 길로 둘러갔다. 그러나 3-4절은 예수님이 사마리아를 통과하여 가셨다고 말한다. 예수님은 악의적이고 부당한 전통을 무시하고 담대하게 사마리아 길로 걸어가셨다. 그는 또한 죄인, 여자, 사마리아인과 대화하지 않는 유대인의 전통도 무시하셨다.

둘째, 예수님은 마음의 장벽을 약하게 하기 위해 여자에게 낙산의 심리긴을 사용하셨다. 그녀의 삶은 유대인뿐만 아니라 자기 민족에게조차 소외되어 왔다. 그것은 아마도 그녀의 수치스러운 죄 때문이었을 것이다. 그녀는 우물가가 아니라 어디서든 유대인과 대화해본 적이 없을 것이다. 그래서 예수님은 경계하고 있는 그녀와 대화하기 위해 어떻게 하셨는가? 예수님은 여자에게 호의를 구했다. "나에게 물을 좀 주세요." 그는 말했다. 호의를 구하는 것은 사람을 얻는 중요한 방법 중 하나이다. 당신이 어떤 사람에게 작은 빚을 지면, 그 행동은 호의를 베푼 상대방을 편안하게 만든다. 호의를 베푼 사람은 열등한 위치가 아니기 때문에 상대방에게 자신감을 가지게 된다. 그리고 기본적으로 사람들은 다른 사람을 돕는 것을 좋아한다. 다른 사람을 돕는 행동은 그 사람을 매우 기분 좋게 만든다.

예수님이 어떻게 대화를 시작하셨는지를 자세히 관찰하여 표에 기록해 두라. 예를 들어 이렇게 기록할 수 있다. '그는 전통을 무시했다' 그는 사마리아를 통과하여 갔다. 그리고 '그는 호의를 구했다' 물을 달라고 청했다.

이 장에서 당신의 표를 완성하겠다는 목표를 버리고, 단지 질문들을 사용함으로써 어떻게 본문으로부터 세세한 정보들을 얻을 수 있는지를 배우라. 그렇다면 다른 연관질문으로 넘어가 보자. '서사적 구성이 있는가?' 서사적 구성은 어떤 사건이나 이야기가 도입, 전개, 발전 그리고 구체적 행동이나 사건으로 인해 절정에 도달하는 방식으로 구성된다는 것을 기억하라.

요한복음 4장에 서사적 구성을 가진 사건이 있는가? 그렇다 4장에는 좋은 서사적 구성이 있다. 사마리아 여자에게 하신 예수님의 개인적인 증거는 결과적으로 많은 마을 사람에게 구원을 가져왔다. 이 이야기가 처음에는 얼마나 간단한 만남에서 시작되었는지를 보라. 내가 이 본문에 '서사적 구성이 있는가?'라는 질문을 던져서 발견한 사실은 예수님과 사마리아 여자와의 대화는 네 단계를 거쳐 여자의 생각을 더 높은 차원으로 끌어 올렸다는 사실이다. 그 단계들을 자세히 살펴보자.

첫째, 예수님은 사마리아 여자가 간절히 바라던 것을 제안했다10절, 13-14절. 이 여자가 간절히 원했던 한 가지는 무엇이었는가? 말할 필요도 없이 다른 여자들의 참을 수 없는 시선과 뜨거운 태양을 느끼며 우물로 걸어오지 않아도 되도록 그녀의 집에 물의 근원을 갖는 것이다. 그런데 예수님은 그녀에게 한 번 마시면 영원히 목마르지 않을 물을 제안하셨다. 당연히 그녀는 지대한 관심을 보였다. "제발, 선생님."그녀는 말했다. "그 물을 나에게 주세요. 그러면 다시 목마르지 않을 것이고, 물을 얻기 위해 매일 여기까지 올 필요도 없을 것입니다."15절 그녀는 그런 물을 간절히 원했다. 그러나 그녀는 아직 그 제안의 영적인 면을 깨닫지 못했다.

둘째, 예수님은 여자에게 왜 그녀가 예수님이 제안한 물을 가질 수 없었는지를 설명했다. 그녀의 죄가 그것을 가로막고 있었다. 예수님은 그녀의 죄를 노출시켜 제거해야만 했다. 그러나 예수님은 "그것은 너의 더러운 죄 때문이야!"라고 소리치지 않았다. 대신 예수님이 얼마나 민감하게 이 문제를 다루었는지 보라. 예수님은 "가서 네 남편을 데려오라."16절는 말로 그녀의 죄가 생각나도록 세심하게 말씀하셨다. 여자는 즉각적으로 반응했다. "나는 남편이 없습니다."17절 "네가 옳다!" 예수님은 강조하며 동의하셨다. "너는 남편이 없다.

다섯 명의 남편을 가졌었지만, 지금 함께 살고 있는 남자도 너와 결혼한 사람은 아니다." 예수님은 대화의 수준을 끌어 올리셨다. 겉으로는 여자의 깊은 죄의 문제를 노출시키기 위한 요구 같았지만, 이 요구는 사실 그녀가 진정으로 찾고 있는 것은 '평안'이라는 것을 깨닫게 하기 위한 것이었다.

여자는 예수님이 자신에 관한 모든 것을 알고 계시다는 사실에 충격을 받았다. 그리고 곧 자신이 지금 선지자 앞에 서 있다는 것을 깨달았다. 그러나 그녀는 이 하나님의 사람과의 대화 방향을 바꿀 수 있는 확실한 주제, 즉 종교문제로 대화 주제를 바꿈으로써 자신의 삶이 드러나는 상황으로부터 도망치려고 했다. "선생님" 여자가 말했다. "당신은 선지자임에 틀림없습니다. 우리 사마리아인들은 여기 우리 조상들이 예배한 그리심 산에서 예배하는데, 왜 당신들 유대인들은 예루살렘이 예배할 수 있는 유일한 장소라고 주장합니까?"19-20절

대화의 방향을 전환하려는 여자의 시도는 예수님이 대화를 세 번째 단계로 끌어 올리도록 만들었다. 예수님은 논쟁에 빠지지 않으시고 대신 하나님께 예배한다는 것은 장소의 문제가 아니라 예배하는 분을 아는 것에 달려있다는 새로운 개념을 알려주셨다. 진정한 예배는 영과 진리로 드려지는 것이다21-24절. 즉 올바른 예배는 하나님의 실존을 깨닫고 그분을 향한 사람의 마음이 올바르게 되는 것이다. 예수님은 대화를 죄를 노출시키는 데서부터 하나님을 알아야 한다는 진리로 이끄셨다. 그런 다음 대화는 또 한 단계 뛰어 올랐다.

대화의 네 번째 단계는 예수님의 대답에 대한 그녀의 반응으로 결정되었다. 본문에서 볼 때 그녀는 예수님의 대답을 받아들인 것 같지 않다. 그러나 여자는 논쟁하기보다 예수님의 권위를 문제 삼음으로써 다시 달아나려고 했다. 즉

성경연구 GUIDE BOOK

계속해서 압도해 오는 예수님의 영향력으로부터 달아나려고 안간힘을 쓰고 있는 것이다. 그녀는 말했다. "나는 그리스도라 불리는 메시아가 올 것을 알고 있습니다. 그가 오시면 모든 것을 우리에게 설명할 것입니다."

그녀의 이러한 반응은 예수님에게 결정타를 날릴 기회를 주었다. "내가 메시아다!" 진리를 알려주실 것이라던 메시아가 바로 눈앞에 서 있었다. 그는 그녀가 목말라 했던 바로 그 물이었고, 그녀가 찾던 진리였고, 그녀가 필요로 했던 모든 것이었다. 마지막으로 예수님은 그녀에게 믿음을 도전했다. 믿을 것인가? 말 것인가? 우리는 그녀가 믿었다는 사실을 알고 있다39-42절. 이렇게 네 단계를 거쳐 예수님은 사마리아 여자를 그에게로 이끌었다.

서사적 구성에 관한 질문에서 얻은 관찰들을 당신의 표에 기록해 두라.

1. 예수님은 그녀가 바라던 어떤 것을 제안했다.

2. 예수님은 그녀가 그것을 가질 수 없는 이유를 설명했다.

3. 예수님은 그녀에게 하나님이 요구하시는 것을 말했다.

4. 예수님은 그녀에게 믿음을 도전했다.

당신이 성경을 보는 법을 더 많이 배울수록, 당신은 성경에서 더 많은 것을 볼 수 있게 될 것이다. 당신은 예수님과 사마리아 여자의 대화가 진행되면서 예수님에 대한 여자의 태도와 호칭이 어떻게 단계적으로 달라졌는지 알아챘는가? 9절에서 그녀는 예수님을 사마리아인에게는 상대를 비하하는 호칭인 '유대인'이라고 불렀다. 11절에서는 존경을 보여주는 공손한 호칭인 '선생님'이라고 불렀다. 19절에서는 '선지자'라고 불렀고, 마지막으로 29절에서는 사람들에게 그를 '메시아'라고 소개했다.

더불어 우리는 그녀와 예수님과의 만남으로 인한 복음 전파의 과정에서도 서사적 구성을 볼 수 있다.

1. 그녀는 그리스도를 우연히 만났다26절.

2. 보아하니 그녀는 몇 분 안에 다른 사람들에게 전했다29절.

3. 그녀의 증거로 인해 사람들이 그리스도를 믿었다39절.

4. 그들도 그리스도를 직접 만났고, 그로 인해 믿었다41절.

그럼 이제 본문에 또 다른 연관질문을 적용해 보자. '원인과 결과들은 무엇인가?' 28절을 보라. 여자는 물동이를 버려두고 동네로 들어가서 사람들에게 예수님에 관해 말한다. 그녀가 물동이, 즉 전에 자신에게 가치 있던 물건을 버렸다는 사실은 그녀의 흥분과 서두름을 잘 보여준다. 예수님에 관한 소식이 퍼지기를 앉아서 기다릴 수 없었던 것이다. 그녀의 이런 돌발적인 행동은 어떤 사건의 결과였다. 이런 결과가 있게 한 원인은 무엇인가? 그것은 26절에서 예수님이 그녀에게 "내가 메시아다."라고 직접적으로 밝힌 사건이다. 예수님이 사마리아 여자에게 갑작스럽게 자신을 드러내신 것은 그녀가 물동이를 버려두고 마을로 달려가 사람들에게 이 사실을 전한 사건의 원인이다.

그러나 흥미롭게도 그녀의 행동은 어떤 일의 결과일 뿐만 아니라 또 다른 일의 원인이 되었다. 우리는 39-42절에서 여자의 행동으로 인한 결과를 읽을 수 있다. 즉 많은 마을 사람들이 예수님께로 나아와 말씀을 듣고 믿었다. 이렇게 본문에 원인과 결과에 관한 연관질문을 던짐으로써 알 수 있는 것은 그녀의 개인적인 변화가 마을 전체에 엄청난 충격을 가져왔다는 사실이다. 결론적으로 최종 결과는 부흥이었다.

자, 이제 다음 연관질문을 적용해 보자. '일반적인 것에서 구체적인 것으로 나아가는 전개 방식이 있는가?' 예수님과 사마리아 여자는 물이라는 주제로 대화를 시작한다. 처음에 대화 주제는 일반적인 물이었다. 투명함, 액체, 마실 수 있는 것, H$_2$O. 그러나 예수님은 물을 영적인 비유로 사용하심으로써 그 의미를 함축적 의미로 좁히셨다. 그리고 영적인 주제로 옮겨가 하나님 아버지에 대해 말씀하셨다23절. 마지막으로 자연스럽게 주제를 하나님 아버지로부터 그 자신, 메시아에게로 옮기셨다26절. 다시 말해 예수님은 대화의 주제를 매우 일반적인 주제물에서 시작해 매우 구체적인 주제로 옮겨가셨다.

다음으로 본문에 던질 연관질문은 '질문과 대답 형식이 있는가?'이다. 우리는 35절에서 예수님이 제자들에게 질문하시는 모습을 볼 수 있다.

"너희는 넉 달이 지나야 추수할 때가 이르겠다 하지 아니하느냐 그러나 나는 너희에게 이르노니 너희 눈을 들어 밭을 보라 희어져 추수하게 되었도다"

예수님의 질문에 앞에서 배운 기본질문들을 던져보자. 예수님은 누구에게 말씀하고 계신가? 31절로 돌아가 보면 우리는 곧 '누가?'라는 질문의 답을 발견할 수 있다. 예수님은 제자들에게 말씀하고 계신다. 또한 38절을 읽어 보면

'무엇을?'이라는 질문의 답을 발견할 수 있다. 거기서 예수님은 세사를에게 자신의 말이 무슨 의미인지를 설명하시기 때문이다. 예수님은 영혼을 구원하는 일을 농작물의 수확에 비유하셨다. 예수님은 사람들의 영적 필요는 언제나 존재하기 때문에 사람들을 믿음으로 인도하는 데는 계절이나 시기가 상관없다는 진리를 설명하신 것이다. 하나님은 사람들의 마음을 계속해서 준비시키고 계신다. 그러므로 제자들 역시 하나님이 준비시키는 영혼들을 거두기 위해 항상 준비되어 있어야 한다.

우리는 이 본문에서 '제자들에게 이 말씀을 하실 때 예수님은 무엇을 하고 계셨는가?'라는 질문도 할 수 있다. 32절은 이 질문에 대한 단서를 준다. 예수님이 사마리아 여자와 막 대화를 끝냈을 때, 제자들이 점심을 가지고 돌아왔다. 그리고 드시도록 권했다. 그러자 예수님은 이렇게 말씀하셨다. "나에게는 너희들이 모르는 음식이 있다." 제자들은 예수님이 물질적인 고기와 빵에 대해 말씀하고 계시다고 생각하고 그가 어디서 그것을 얻었을지 궁금해 했다. 그래서 서로를 바라보며 물었다. "우리가 없는 동안 누가 음식을 갖다 드렸지?"

제자들은 오로지 점심거리에 대해서만 걱정하고 있었다. 이때 예수님은 그들의 생각을 더 높은 목적, 즉 전 세계를 그리스도에게 드리는 목적까지 끌어올리기 위해 사마리아 여자와의 사건을 사용하셨다. 다시 말해 추수에 대한 예수님의 질문은 위를 채우는 데만 머물렀던 제자들의 관심을 영혼을 구원하는 일로 끌어올리는 다리 역할을 했다.

예수님은 35절에서 제자들에게 또 이렇게 말씀하셨다. "일어나서 둘러봐

성경연구 GUIDE BOOK

라. 밭이 이미 추수할 만큼 무르익었다." 이 말씀은 우물가에서 만난 한 여자의 증거로 인해 믿은 마을 사람들이 예수님의 말씀을 직접 듣기 위해 달려왔을 때 제자들에게 지울 수 없이 강렬한 인상을 남겼을 것이다. 예수님이 방금 전에 하신 말씀을 그들의 눈으로 직접 보았기 때문이다.

사실 기본질문과 연관질문을 섞어 사용하면서 '관찰 표' 여러 장을 채우는 데는 그렇게 긴 시간이 걸리지 않는다. 이 장에서 본 것처럼 성경연구 과정에서 기본질문과 연관질문은 서로 뒤섞이면서 우리가 본문 속으로 들어가도록 도와준다. 나는 이 장이 당신이 스스로 성경연구를 할 수 있을 만큼 도움을 줬기를 바란다. 성경연구의 다음 과정은 해석이다. 다음 장에서는 해석에 대해 배워보자.

work
shop

요한복음 2장을 보면서 연관질문을 적용해 보라. 그리고 최

소한 열 개 이상의 새로운 관찰들을 찾아 적어 보라.

6장
해석 - 의미를 찾아라

성경에서 진리 발견하기

지금까지 우리가 관찰한 것들의 의미를 이해하는 것이 곧 해석이다. 즉 해석은 '글의 의미를 결정하는 과정'으로 정의될 수 있다. 다시 말해 해석의 궁극적인 목적은 본문이 무엇을 의미하는지를 올바로 이해하는 것이다. 우리는 성경의 저자가 그것을 쓸 당시에 '그것이 무엇을 의미했는지'를 알아야 한다. 성경의 저자 개개인은 사람이었다. 그러나 각 사람은 성령의 완벽한 영향력 아래 성경을 기록했다. 따라서 우리가 성경의 의미를 알려면 먼저 '인간 저자'가 그 성경을 쓸 당시에 '그것이 무엇을 의미했는지'를 알아야 한다. 그래야 그 배후에 계신 '거룩한 원저자'가 무엇을 의미했는지도 정확하게 이해할 수 있다.

포스트모더니즘의 결함

오늘날은 많은 사람이 '거룩한 원저자'가 무엇을 의미했는지를 지금 우리가 알 수 있다는 사실조차 의심한다. 그렇게 오래 전 일은 아닌데, 한 젊은이가 나에게 이렇게 말했다. "너무나 많은 성경 해석들이 있기 때문에 무엇을 믿어야 할지 모르겠습니다. 제가 어떤 해석을 믿어야 할지 어떻게 알 수 있습니까? 그래서 저는 성경을 읽을 때 제가 원하는 쪽으로만 해석하는 것 같습니다."

오늘날 사람들은 폭넓고 다양한 성경 해석들을 듣는다. 과연 우리는 '실제로 그것이 무엇을 의미했는지' 또는 '그것이 과연 객관적인 진리인지'를 알 수 있을까? 다양한 성경 해석들로 혼란은 훨씬 가중되었다. 게다가 오늘날 사람들은 절대 진리가 존재한다는 사실조차 의심한다. 또는 절대 진리가 존재한다 해도 인간이 그것을 아는 것은 불가능하다고 생각한다. 심지어 이런 의심은 성경을 믿는 그리스도인에게도 영향을 미쳤다. 절대 진리가 존재한다고 믿지 않는 사람이 진리를 정확하고 객관적으로 해석할 수 있다는 사실을 믿겠는가? 오늘날 사람들은 흔히 이렇게 생각한다. "만약 당신이 그렇게 해석하고 싶다면 그렇게 해라. 그러나 나는 그 구절을 다르게 해석한다. 중요한 것은 당신이 아니라 내가 그것을 어떻게 해석하고 받아들이는가이다." 아니면 "나는 그 구절을 당신과 다르게 해석한다. 그렇지만 당신이 나와 다르게 생각해도 상관하지 않겠다. 당신에게 진리인 것이 나에게는 진리가 아닐 수도 있기 때문이다."

예를 들어 사람들은 예수 그리스도가 인간의 몸으로 이 땅에 오신 하나님의 아들이라는 사실을 믿지 않는다. 반면 그리스도인들은 그가 참으로 하나님의 아들이라고 가르친다. 분명히 이 두 사실은 동시에 진리일 수 없다. 두 사실 사이에 중간 영역은 없다. 두 의견을 통합하거나 화해시킬 방법도 없다. 그리스도는 하나님의 아들이거나 하나님의 아들이 아닌 것이다. 이것이 요한복음의 주제이다. 만약 당신이 요한복음에 관해 개인적으로 다른 '해석'을 주장하거나 무엇이든 대안적인 의미를 부여한다면, 당신은 정말로 해석을 하고 있는 것이 아니다. '해석'이라고 부르는 당신의 견해를 강요하고 있는 것이다. 타당한 해석은 '저자가 그 글에서 정확히 무엇을 말하고 있는지'를 발견하는 것이다.

하나님의 뜻을 알고 그리스도를 따르기로 결정한 그리스도인들은 성경 해석에 관해 오늘날의 인기 있는 접근 방식을 거절해야 한다. 성경의 진리는 우리가 그것을 '어떻게 해석하느냐'에 상관없이 견고한 사실로서 존재한다. 예수 그리스도는 이 땅에 살았고, 가르쳤고, 십자가에서 죽었고, 부활하셨다. 이것은 바뀔 수 없는 역사적 사실이다. 이것은 당신이 진리라고 생각하든 아니든 간에 성경이 강하게 주장하는 바이고, 나와 당신의 견해와 상관없이 그 사실의 정확성과 객관성에서 조금도 바뀌지 않는다. 분명 그리스도는 하나님의 아들이거나 아니다. 또한 성경은 객관적으로 사실이거나 그렇지 않다. 그러므로 성경은 객관적으로 이해될 수 없다는 지겹고 오래된 변명 뒤에 숨는 것은 게으르고 비겁한 변명에 불과하다.

베드로후서 1장 20절은 우리에게 성경을 사사로이 해석해서는 안 된다고 말한다. 성경의 객관적인 의미는 우리의 선입견, 이론, 철학, 성향과 관계없이, 그것이 무엇이든 기꺼이 받아들이겠다는 열린 마음과 겸손한 마음을 가질 때 발견된다. '그것은 당연히 이런 의미이다'라거나 '그것이 이런 의미이기를 바란다'가 아니라 단지 성경이 정말로 의미하는 바를 찾아야 한다. 다시 말해 '해석은 만들어지는 것이 아니라 발견되어지는 것이다' 디모데후서 3장 16-17절은 이렇게 말한다.

> "모든 성경은 하나님의 감동으로 된 것으로 교훈과 책망과 바르게 함과 의로 교육하기에 유익하니 이는 하나님의 사람으로 온전하게 하며 모든 선한 일을 행할 능력을 갖추게 하려 함이라"

이 본문에서 성경이 우리에게 하는 일을 보라. 성경은 진리를 가르친다. 무엇을 옳고 그른지 알려줌으로써 우리를 바르게 한다. 옳은 방향을 지시해 주고 우리가 하나님의 뜻을 행할 수 있도록 준비시킨다. 만약 성경이 해석하기 너무 애매하고 어려워서 이해될 수 없다면 이런 일들 중 어떤 것이 가능하겠는가? 단언컨대 이런 일들은 모두 불가능할 것이다. 반대로 말하면 성경은 쉽게 이해되기 위해 쓰여 졌다. 그렇지 않다면 성경은 위의 본문에서 바울이 말한 기능을 수행할 수 없다.

우리는 모두 같은 성경을 가지고 있고, 같은 성령을 소유하고 있다. 하나님은 우리 모두가 이 영감 받은 책으로 그가 주시는 진리를 알기 바라신다. 이를 위해 하나님은 의도적으로 우리가 성경을 객관적으로 해석할 수 있도록 기록

성경연구 GUIDE BOOK

하셨다.

해석을 위한 열쇠

해석의 목적은 성경이 객관적으로 무엇을 의미하는지를 알아내는 것이다. 그 결과 우리가 성경이 말하는 진리를 겸손하게 받아들이고 엄격하게 적용하게 하는 것이다. 간혹 반대 의견을 주장하는 사람도 있지만 성경은 이해하기 어려운 책이 아니다. 당신이 어떤 세미나를 이수하거나 헬라어나 히브리어를 배우거나 신학교에 들어가야만 성경을 이해할 수 있는 것이 아니다. 물론 이러한 훈련들은 유익하고 가치 있다. 그러나 그것들이 성경을 이해하는 데 절대적으로 필요한 것은 아니다. 우리는 모두 성경의 진리와 의미를 알 수 있다. 물론 그러기 위해 성경을 읽고 연구해야 하며 어떤 노력을 들여야 한다. 그렇지만 당신이 성경의 옳은 해석 방법을 배우고, 성경에 어떻게 다가가야 하는지를 배운다면 성경은 당신에게 놀라운 진리의 보고를 열 것이다. 그럼 이제 해석할 때 고려해야 할 몇 가지 요소를 살펴보자.

비유

바른 해석을 위해서는 단순하게 당신이 아는 일반적인 상식을 적용해야 한다. 성경에서 사용하는 언어들에 대해 전문적이고 기술적인 접근보다 당신이 일상적으로 사용하는 언어를 기준으로 상식선에서 접근한다면 본문을 더 잘 이해할 수 있다. 성경은 문학이다. 그러므로 다른 글들에 적용되는 문학적 원리들이 성경에도 그대로 적용된다. 어떤 사람들은 이 간단한 사실을 몰라서 성경을 해석하는 데 실패한다. 그들은 성경의 모든 단어를 문자적으로 진리라고 확신하기 때문에 성경의 많은 비유들을 비유로 받아들이는 데 어려움을 겪는다. 성경이 진리라고 믿는 것은 좋은 자세이다. 그러나 은유, 직유, 비유 같은 문학적 표현들은 문자적으로 해석할 것이 아니라 있는 그대로 문학적으로 해석해야 한다. 예를 들어 예수님이 "나는 생명의 떡이다."라고 말했을 때 떡이 '이스트와 곡물을 섞어 덩어리로 구워낸 것'을 말하는 것인가? 물론 아니다! 떡이 우리의 물리적 생명에 자양분을 제공하는 것처럼 예수님이 우리의 영적 생명에 양분을 공급하신다는 것을 비유적으로 말씀하신 것이다. 물론 이 예는 금방 비유적 표현인 것을 알아챌 만큼 분명한 예이긴 하다. 그러나 의외로 많은 사람들이 성경의 비유적 표현을 단순히 문자적으로 해석하여 상당히 부자연스러운 해석에 이른다는 것을 안다면 놀랄 것이다.

문법

성경은 비유를 사용할 뿐만 아니라 문법을 사용한다. 걱정하지 마라. 나는 당신이 문장을 해부하여 도식화하도록 하지는 않을 것이다. 그러나 우리는 문법에 주의를 기울여야 한다. 왜냐하면 그것은 종종 정확한 해석의 한 요소가 되기 때문이다. 문법에는 동사 시제, 질문, 명령, 주어와 목적어 같은 요소들이 포함된다. 이 같은 요소들이 언어의 구조를 결정한다. 또한 이러한 언어의 구조는 말하고 싶은 것이 정확히 무엇인지를 아는 데 중요한 요소이다.

예를 들어 문법은 "나는 생명의 떡이다."라는 예수님의 말씀에 대한 해석에 영향을 준다. 그가 "~이다"라는 현재 시제의 동사를 사용했다는 사실에 주목하라. 그는 "나는 생명의 떡이었다."거나 "나는 생명의 떡일 것이다."라고 말하지 않았다. 또한 '나는 ~이다'라는 표현을 사용하신 것은 하나님처럼 그리스도의 변치 않는 영원성을 상징한다. 이 표현은 시내 산의 불타는 가시덤불에서 하나님이 모세에게 자신의 정체성을 보여주실 때 사용하신 표현이다. 모세가 바로에게 대답할 하나님의 이름을 요구했을 때 하나님이 그에게 준 유일한 이름은 "나는 스스로 있는 자다"I am who I am이다. 예수님이 자신의 정체성을 밝히면서 하나님이 자신을 표현하실 때와 동일한 용어를 선택하신 것은 그 자체로 예수님의 정체성을 확정하신 것이다. 예수님은 항상 계신 하나님이시다. 그는 우주 만물을 영원히 지탱하는 분이시고, 우리의 생명을 영원히 지키는 분이시다.

역사적 배경

성경은 역사적으로 특정한 어느 시점에 쓰여 졌다. 그러므로 그 시대의 관습, 배경, 생활방식, 정치적 구조 등은 본문의 의미에 큰 영향을 끼친다. 역사적 맥락에서 "나는 생명의 떡이다."라는 예수님의 말씀을 생각해 보자. 역사적 상황과 배경을 고려해서 해석한다면 이 본문은 우리에게 무엇을 말해 주는가?

역사적 배경은 로마가 이스라엘을 점령하고 있던 1세기였다. 그 당시에 떡은 주식이었다. 그것은 오늘날처럼 주식에 첨가되는 어떤 것 즉 스테이크나

감자 샐러드에 곁들여 먹도록 나오는 섯이 아니있다. 그괘서 예수님이 비유로 생명 유지에 필수적인 떡을 사용하신 것은 청중에게 영적 생명을 주기 위해 드려지는 자신의 몸을 강조하신 것이다. 떡이 없다면 사람들이 신체적으로 죽는 것처럼, 예수님이 없다면 그들은 영적으로 죽을 것이다.

만약 우리가 해석할 때 비유, 문법, 역사적 배경을 적절하게 생각하지 않는다면 우리는 본문의 객관적인 의미를 놓칠 위험이 크다. 우리가 본문의 객관적인 의미를 놓칠 때 우리는 자신도 모르게 무심코 자기 자신의 해석을 본문에 주입할 확률이 커진다.

해석의 과정

지금까지 이 책에서 우리는 어떻게 질문을 만들고, 그것으로 어떻게 본문의 진리를 캐내는지 살펴보았다. 즉 우리는 관찰이라는 과정을 거쳐 왔다. 이제 우리가 관찰한 것들이 무엇을 의미하는지를 알아볼 시간이다. 해석의 단계로 들어가는 것이다.

다음 단계로 옮겨가기 전에 나는 중요한 노하우를 말해주고 싶다. 표를 만들 때 관찰과 해석 사이에 엄격한 구분을 유지하려고 애쓰지 마라. 당신에게 나의 성경연구 방법을 가르쳐 줄 좋은 방법은 그것들을 단계로 나누고, 각 단계에서 무엇을, 어떻게 하는지 설명하는 것이었다. 그러나 실제로 연습해 보면 알겠지만, 각 단계들은 서로 섞이려고 할 것이다. 작업을 해나가는 동안 한 단계는 다른 단계와 자연스럽게 섞일 것이기 때문에 그것들을 분리시키는 것이 더 어려울 것이다. 예를 들어 당신의 관찰 대부분은 관찰인 동시에 해석일 수 있다. 앞에서 연습할 때 당신은 니고데모가 바리새인이라는 것을 관찰했다. 당신이 '바리새인은 어떤 사람들인가?'라는 기본질문을 할 때 실은 해석 질문을 하고 있는 것이다. 왜냐하면 그런 질문에 답하기 위해서는 종종 본문을 관찰하는 것 이상을 해야만 한다. 본문은 그 답을 주지 않기 때문이다. 이처럼 어떤 질문들은 단순한 관찰이 아니라 해석을 요구할 것이다. 위에서 비유, 문법, 역사적 배경에 대해 설명할 때 내가 준 어떤 정보들은 성경에서 직접적으로 얻지 않았다는 사실을 알아챘을 것이다. 예를 들어, 1세기의 떡의 중요성은 성경 밖의 어딘가에서 알아낸 것임에 틀림없다.

그렇다면 지금 당신은 "해석 질문에 대한 답은 어떻게 얻을 수 있죠?"라고 묻고 싶을 것이다. 이제 성경연구에서 사전이나 온라인 자료들이 필요한 시점이 되었다. 해석 질문을 통해 당신이 발견한 대답은 관찰 이상일 것이다. 이것이 해석 과정이다. 예를 들어 당신이 관찰 단계에서 '바리새인'이라는 용어를 만났을 때, 당신은 관찰 단계를 끝낸 후에 해석 단계로 넘어가기로 결정했다. 그래서 일단 본문을 계속 관찰한다. 본문에서 당신이 바리새인에 대해 더 관찰한 내용은 바리새인은 유대인의 관원, 지도자, 의회의 구성원이었다는 사실이다. 당신이 만약 이러한 정보를 가지고 해석 단계에서 '바리새인'이라는 용어를 대한다면 그 의미는 더 풍부하게 이해될 것이다. 그리고 바리새인이 당시에 어떤 사람들이었는지 정확하게 알아낼 것이다. 이처럼 성경연구 과정에서 더 알고 싶은 주제를 발견한다면 모든 단계들을 함께 적용해 의미를 풍성하게 완성해라.

해석은 관찰의 기초 위에 지어진다. 만약 당신이 본문이 무엇을 말하는지를 정확하게 관찰하고, 그 모든 관찰들을 다음 단계로 가져간다면 더 정확하게 해석할 수 있을 것이다. 더 나은 관찰은 더 정확한 해석을 가져온다. 이 책을 계속해서 읽어 간다면 당신이 배운 관찰을 위한 방법과 원리가 대부분 해석에서도 그대로 적용된다는 사실을 눈치 챌 것이다.

해석을 시작하기 전에 파악한 정보들을 기록하기 위해 또 다른 표가 필요하다. 이것은 '해석 표'라고 부르는 대신 '해석 메모'라고 부를 것이다. 칸이 없기 때문에 표라고 보긴 어렵다. 단지 표의 가운데 맨 위에 '해석'이라고 써라. 그리고 가운데 맨 위에 해석할 본문을 기록할 수 있다. 그 아래 공간에 당신이 해석 단계에서 모은 정보들을 채울 것이다. 후에 당신이 '최종 개관'을 만들 때, 이 메모를 다시 검토할 것이다.

다음 두 장에서 나는 해석 과정을 더 구체적으로 소개할 것이다. 성경연구의 단계들을 밟아가면서 당신은 본문에 대한 지식이 꾸준히 늘어나고 있다는 사실을 깨달을 것이다. 당신은 이제 저자가 말한 것뿐 아니라, 저자가 왜 그렇게 말했고, 그것이 무엇을 의미했는지도 이해하게 될 것이다.

7장
본격적으로 해석해 보자

자료로써 성경을 사용하기

당신은 목사들이나 성경 교사들이 '성경은 성경으로 푼다'라고 말하는 것을 들어본 적이 있을 것이다. 이 말은 성경이 종종 한 곳 이상에서 같은 의미를 확장하거나 연관된 주제를 다른 분위기로 다루고 있다는 것을 의미한다. 그러므로 당신이 만약 같은 주제를 다루고 있는 다른 본문들을 찾아본다면 주어진 본문을 더 잘 이해할 수 있을 것이다.

서로 참고하기

서로 연관된 본문들을 찾아보는 것을 '서로 참고하기'라고 부르겠다. 이것은 간단히 말해서 성경 한 권에서 성경 전체에 이르기까지 한 주제나 한 단어를 추적하여 정보를 얻는 것을 의미한다. '서로 참고하기'는 좋은 해석의 도구이다. 그럼 이제 본격적으로 '서로 참고하기'를 시작해 보자. 후에 우리는 '문맥'과 '정의' 같은 해석의 다른 도구들도 알아볼 것이다.

'서로 참고하기'의 힘은 성경 자체의 권위에 있다. 당신은 성경이 성경을 해석하게 함으로써 당신의 성경연구에 정당성을 확보할 수 있다. 나는 개인적으로 이 과정이 성경연구에서 제일 재미있다. 왜냐하면 이 단계에서 감춰진 본문의 의미가 조금씩 드러나기 시작하기 때문이다.

'서로 참고하기'의 가장 일반적인 방법은 큰 그림에서 시작해 구체적인 것으로 좁혀 내려가는 것이다. 우선 당신이 관찰한 것들을 살펴보면서, 의문이 드는 것에서부터 출발한다. 여기서 또 다른 표가 필요한데, 이 표를 '서로 참고하기 표'라고 부를 것이다.

'서로 참고하기'를 위한 도구들

여러 도구들은 성경에서 서로 참고할 본문들의 위치를 알아내는 데 유용하다. 대부분의 성경이 어떤 구절 옆에 참고할 수 있는 다른 구절들을 적어 났다. 컴퓨터 프로그램들을 사용하는 것은 속도 면에서 본다면 연관된 본문들을 찾아내는 데 매우 효과적이다.

'서로 참고하기'를 위한 또 다른 좋은 도구는 성구사전이다. 성구사전으로 성경에 참고할 구절들이 적혀 있지 않은 단어나 그 밖에 어떤 단어라도 찾아볼 수 있다. 또 다른 유용한 도구는 관주 성경이다. 관주 성경은 참고 구절들이 여백에 매우 빽빽하게 적혀 있고, 뒷장의 참고 색인에서는 주어진 주제를 성경 전체에서 추적할 수 있도록 도와주기 때문에 매우 유익하다.

서로 참고하는 방법

우리의 첫 번째 '서로 참고하기' 연습을 위해서 요한복음 3장으로 다시 돌아가자. 첫 구절에 우리가 이미 약간 알아본 '바리새인'이라는 단어가 있다. 이 단어로 시작해 보자. 우리는 먼저 '바리새인'에 대해서 본문이 말해줄 수 있는 것이 무엇인지부터 알아야 한다. 본문에 '바리새인'이라는 단어와 연관된 참고 구절이 적혀 있는가? 내가 갖고 있는 LASB the Life Application Study Bible 성경에는 참고 구절이 적혀 있지 않다. '니고데모'라는 단어의 참고 구절에 '바리새인'이라는 단어가 적혀 있을 뿐이다. 당신은 나중에 이 정보를 니고데모에 대해서나 다른 질문에 대한 답을 알아내는 데 사용할 수 있다. 나는 또한 NASB the New American Standard Bible 성경을 점검해서 거기에도 바리새인에 대해 참고 구절이 적혀 있지 않다는 사실을 확인했다.

그래서 나는 다음 단계로 성구사전에서 '바리새인'이라는 단어를 찾는다. 그러면 거기서 성경에서 '바리새인'이라는 단어가 나오는 모든 구절을 볼 수 있다. 성구사전은 그 단어가 어떤 문맥에서 사용되었는지 알려주기 위해 그 단어가 사용된 구절에서 그 단어의 앞뒤 몇 단어를 함께 보여준다. 성구사전이 알려주는 '바리새인'에 대한 참고 구절들은 너무나 많다. 나는 그 중에서 우선 우리가 공부하고 있는 책요한복음안에 있는 구절들부터 찾아볼 것을 권한다. 요한복음 안에 참고 구절들을 다 확인한 후에 다음으로 저자인 요한의 다른 책들 안에 있는 참고 구절들을 찾아보라. 그러고 나서 마지막으로 신약성경 전체까지 검토할 수 있다. 만약 당신이 모든 참고 구절들을 검토할 시간이 없다면 같은 저자의 책들까지만 검토해도 좋다. 저자가 그 용어를 보통 어떻게 사용하는지를 알면 그 저자의 다른 책을 해석하는 데 큰 도움이 된다. 이것은 좋은 성경연구 방법이다.

사실 이런 조사는 온라인 프로그램들을 활용하면 훨씬 쉽게 할 수 있다. 번역본을 선택한 후 당신이 찾고 있는 단어를 치면 검색 엔진은 모든 성경에서 당신이 찾는 단어가 들어가는 구절들을 찾아 올릴 것이다. '바리새인'의 경우 신약성경 안에 약 백 번 이상 사용되었다.

어떤 식으로든 요한복음 안에서 바리새인에 대한 구절들을 찾아보면 바리새인에 대해 꽤 많은 정보들을 알아낼 수 있다. 그들은 '최고 의결 기관'이라고 불리는 그룹의 구성원이었다몇몇 번역본은 '산헤드린'이라는 용어를 사용한다. 요한복음 11:47. 또한 그들은 율법의 엄격한 해석을 고수하는 집단이었으며요 8:3, 예수가 메시아라는 사실을 믿지 않는 사람들이었다요 9:16. 그리고 그 외에 많은 참고 구절들은 그들이 예수님에 대해 적대적이었다는 사실을 보여준다. 바리새인에 대한 이러한 정보들은 그들의 행동과 태도에 대한 큰 그림을 그리는 데 매우 유용하다.

성경연구 GUIDE BOOK

그럼 이제 '서로 참고하기 표'를 어떻게 활용하는지 구체적으로 알아보자.

연결고리를 따라가기

지금부터 나는 오로지 성경만으로 참고 구절들을 찾는 방법을 보여주려고 한다. 만약 당신이 컴퓨터로 자료를 찾는 것을 좋아하는 사람이라면 이 방법은 지루하고 불필요한 과정처럼 느껴질지도 모르겠다. 하지만 나는 이 방법을 알려주고 싶다. 왜냐하면 컴퓨터를 사용할 수 없는 환경에서 성경연구를 하고 싶을 수도 있기 때문이다. 당신은 비행기 시간을 기다리면서 두 시간 정도 공항에 앉아 있을 수도 있고, 병원에서 차례를 기다리며 앉아 있을 수도 있다. 이때 당신이 가진 것이 성경과 노트뿐이더라도 당신이 가진 성경이 참고 구절이 표시된 성경이라면, 당신은 언제 어디서나 성경연구를 할 수 있다. 참고로 나는 NASB성경을 주로 사용한다. 왜냐하면 이 성경의 각주와 참고 구절들이 내게는 가장 좋기 때문이다. 내가 위에서 언급했듯이 이 성경에는 '바리새인'에 대한 참고 구절이 적혀 있지 않다. 그래서 나는 대신 '관원'이라는 단어를 따라 갈 것이다. 앞에 나온 '관찰 표'에 기본질문 중 '관원들은 누구인가?'라는 질문도 있기 때문이다.

당신의 '서로 참고하기 표'에서 첫 번째 칸에 '관원들'이라고 적어라. 내가 가진 성경 1절에 '관원들'이라는 단어 왼쪽에 작은 각주 문자 b가 있다. 각주 b를 찾아보면 누가복음 23:13과 요한복음 7:26과 7:48절이라는 참고 구절들이 적혀 있다.

그러면 이제 당신의 '서로 참고하기 표'에서 왼쪽 칸참고 구절칸 맨 위에 누가복음 23:13이라고 적어라. 그런 다음 그 구절을 찾아 읽어라. NASB성경은 이렇게 기록되어 있다.

"Pilate summoned the chief priests and the rulers and the people"
빌라도는 대제사장들과 관원들과 사람들을 소집했다.

이 구절은 관원들에 대해 어떤 사실들을 말해주고 있는가? 당신은 이 구절에서 관원들에 대한 어떤 해석적 의미를 발견했는가? 우리는 이 구절에서 빌라도가 바리새인인 관원들을 유대인의 지도자로 인식했다는 사실을 발견할 수 있다. 또한 빌라도가 이들을 소집한 것으로 보아 이들과 빌라도는 이미 어떤 관계를 가지고 있었고, 빌라도는 그들에게 권위를 행사하고 있었다는 사실도 알 수 있다. 그럼 이제 '서로 참고하기 표'에서 오른쪽 칸해석적 의미칸에 누가복음 23:13과 가로줄로 긋고 '빌라도와 교제함'이라고 적어라.

누가복음 23:13절에서 그 밖에 또 무엇을 발견할 수 있는가? 빌라도가 소집한 지도자들은 두 부류였다. 바로 대제사장들과 관원들이다. 당신의 표에서 '해석적 의미' 칸 '빌라도와 교제함' 아래에 '지도자 부류들'이라고 적고, 그 밑에 '대제사장들'이라고 적어라. 그런데 관원들은 또 동시에 어떤 부류에 속했는가? 우리가 앞에서 살펴본 대로 그들은 바리새인에 속한다. 우리는 이미 이 사실을 충분히 살펴봤다. 그러므로 '지도자 부류들' 아래 '대제사장들' 밑에 '바리새인들'이라고 덧붙여 적어라.

그럼 실제로 어떻게 참고 구절들의 연결고리를 따라가는지를 짧게 보여주겠다. 누가복음 23:13절의 '관원들'이라는 단어 왼쪽에 작은 각주 문자 a가 있다. 그리고 곧 각주 a에서 참고 구절인 누가복음 23:35절을 볼 수 있다. 그러면 우선 표의 '참고 구절' 칸에 누가복음 23:35절이라고 적어라. 그런 다음 그구절을 찾아 읽어라.

"백성은 서서 구경하는데 관리들은 비웃어 이르되 저가 남을 구원하였으니 만일하나님이 택하신 자 그리스도이면 자신도 구원할지어다 하고" 눅 23:35

우리는 이 구절에서 관원들에 대해 무엇을 알 수 있는가? 그들은 예수님을비웃으며 강한 경멸감을 표현하고 있다. 이러한 사실이 니고데모가 왜 어두워진 후에 예수님을 찾아왔는지에 대한 우리의 어떤 추측을 뒷받침해주는가? 니고데모는 다른 관원들이 경멸하는 사람들 틈에 있었다는 것이 동료들에게알려지면 동료들이 자신을 어떻게 생각할 지에 대해 두려웠을까?

이 구절에는 '관원들'에 대한 또 다른 참고 구절이 적혀 있다. 그런데 그 참고 구절이 우리가 출발했던 구절인 요한복음 3:1절이라면 우리는 이 단어의참고 구절 연결고리의 끝에 도달한 것이다. 물론 다른 단어들은 이 연결고리가 훨씬 더 길게 이어질 수도 있다.

그러나 아직 이 단어의 연결고리가 다 끝난 것은 아니다. 우리는 누가복음 23:13절에 적혀 있는 참고 구절 중 한 가지를 따라갔다. 그러므로 우리가 출발한 요한복음 3:1절로 돌아가기 전에 먼저 누가복음 23:13절에 있는 다른 참고 구절들을 조사해 보자. 누가복음 23:13절의 또 다른 참고 구절은 요한복음 7:26절이다. 당신의 '서로 참고하기 표'에 요한복음 7:26을 적어라. 그런 다음 그 구절을 찾아 읽어라.

> "보라 드러나게 말하되 그들이 아무 말도 아니하는도다 당국자들은 이 사람을 참
> 으로 그리스도인 줄 알았는가" 요7:26

이 참고 구절은 중요한 사실을 우리에게 알려준다. 유대인의 지도자들은 예수가 그리스도라는 사실을 무시했다. 그런데 위의 구절은 그들이 분명한 진리를 의도적으로 무시하고 있다는 점을 보여주고 싶은 것처럼 보인다. 어쨌든 우리는 위의 구절에서 유대인의 관원들이 예수가 그리스도라는 사실을 믿지 않았다는 것을 알 수 있다. 당신의 표에 '해석적 의미' 칸의 요한복음 7:26절 맞은편에 '관원들은 예수를 믿지 않았다'라고 적어라. 누가복음 23:13절의 다음 참고 구절은 요한복음 7:48절이다.

> "당국자들이나 바리새인 중에 그를 믿는 자가 있느냐"

이 구절에서 당신은 어떤 의미를 발견했는가? 이 구절은 유대인의 관원들은 서로 누가 예수를 믿고 있는지 몰랐다는 사실을 보여준다. 달리 말하면 만약 관원들 중 어떤 사람이 예수를 믿었다면, 그는 그 사실을 비밀로 했을 것이다. 이러한 사실은 '니고데모가 자신의 사회적 지위를 잃어버리고 회당으로부

터 축출될 것이 두려워 자신의 믿음을 드러내어 다른 유대인의 지도자들과 반대편에 서지 못했다'는 추측을 지지해준다. 그러므로 표의 '해석적 의미' 칸 요한복음 7:48절 맞은편에 '니고데모는 그와 예수님과의 교제에 대해 말하는 것을 두려워했다'라고 적어라.

누가복음 23:13절의 다음 참고 구절은 우리의 추측이 사실일 거라는 확신을 준다. 바로 요한복음 12:42절이다.

"그러나 관리 중에도 그를 믿는 자가 많되 바리새인들 때문에 드러나게 말하지 못하니 이는 출교를 당할까 두려워함이라" 요 12:42

우리의 추측이 확실해 보인다. 니고데모는 믿음을 가진 관원들 중 한 사람이었을 것이다. 그러나 그는 자신의 사회적 지위를 지키기 위해 침묵했다. 이러한 사실은 두말할 필요 없이 그가 왜 어두워진 후에 예수님을 찾아 갔는지를 잘 설명해 준다. 바리새인들은 종교적인 문제가 일어났을 때 관원들 이상의 권위를 가졌다. 심지어 그들은 예수님을 믿는 사람을 출교시킬 수도 있었다. 또한 이 구절은 믿음을 가진 관원이 니고데모 혼자가 아니었음을 보여준다. 당시 생각보다 많은 관원들이 예수님을 믿었다. 다만 그것을 공적으로 인정하지 않았을 뿐이다.

당신의 표에서 '참고 구절' 칸에 요한복음 12:42절을 적고, 그 맞은편 '해석적 의미' 칸에 '많은 관원들이 예수님을 믿었지만 바리새인들에 대한 두려움 때문에 결코 말하지 않았다. 바리새인들은 믿는 사람을 출교시킬 수 있었다'라고 적어라.

나는 보통 참고 구절 연결고리를 세 번 이상 따라가지 않는다. 가장 큰 이유는 시간이 많이 소요되기 때문이고, 두 번째는 세 번 정도 참고 구절을 따라가다 보면 필요한 정보들을 어느 정도 모을 수 있기 때문이다. 물론 정보가 충분하지 않을 경우에는 참고 구절들을 더 살펴보면 된다. 그러나 그런 경우는 극히 드물다.

누가복음 23:13절의 참고 구절들을 다 써 버렸다면, 이제 요한복음 3:1절로 돌아가라. 거기서 또 다른 참고 구절들을 점검하라. 요한복음 3:1절의 또 다른 참고 구절은 요한복음 7:48절이다. 그런데 이 구절은 우리가 이미 찾아봤다. 이것은 곧 우리가 본문의 모든 참고 구절들을 찾아봤다는 뜻이다.

이 장의 끝에 '서로 참고하기 표' 샘플을 실었다. 이 표에는 사도행전에서 찾은 참고 구절들도 추가되어 있다. 당신은 시간이 허락하는 한 참고 구절들을 더 찾아볼 수 있다.

문맥

문맥을 고려하는 것은 참고 구절처럼 성경으로 성경을 해석하는 좋은 방법이다. 우리는 성경을 해석할 때 문맥을 고려하지 않고 한 단어나 한 구절에 집착하곤 한다. 그러나 그 단어의 앞뒤로 나오는 단어들이나 그 구절의 앞뒤로 나오는 구절들과의 관계 속에서 한 단어나 구절의 의미는 분명해진다는 사실을 기억해라.

문맥은 비평학적으로도 중요하다. 성경연구의 많은 실수가 문맥을 고려하지 않은 결과이다. 당신은 한 구절을 골라 문맥을 무시하고 해석함으로써 성경이 당신이 원하는 대로 말하도록 할 수 있다. 오래된 웃긴 이야기가 있다. 어떤 남자가 교회에서 한 성도와 다투었다. 갈등은 점점 깊어져 노골적으로 서로를 미워하는 지경에 이르렀다. 하루는 남자가 성경을 들고 그 성도에게 다가가 말했다. "나는 성경이 당신에게 스스로 죽으라고 명령한 구절을 보여 줄 수 있소." 그러고는 마태복음 27:5절을 펴서 읽었다. "유다가… 물러가서 스스로 목매어 죽은지라." 그런 다음 그는 누가복음 10:37절을 펴서 읽었다. "가서 너도 이와 같이 하라." 끔찍한 일이 아닌가!

많은 성경의 오해들과 잘못된 해석들은 문맥을 고려함으로써 해결될 수 있다. 예를 들어 나는 바울서신과 야고보서에서 '믿음과 행함'에 관한 주제를 읽은 학생들이 종종 두 저자가 서로 갈등 관계에 있다고 가정하는 것을 본다. 야고보서 2:17절에서 우리는 '믿음만으로는 충분하지 않다'는 구절을 읽는다_{심지어 행함이 없는 믿음은 '죽은 것'이라고 말한다}. 그러나 갈라디아서 3장에서 바울은 행함이 아니라 오직 믿음으로 구원을 받는다고 단언한다. 과연 어느 주장이 옳은가? 성경은 여기서 자기모순에 빠지는가? 아니다. 절대 그렇지 않다. 모순처럼 보이는 것은 문맥으로부터 그 구절들을 고립시켰기 때문이다. 바울은 갈라디아서에서 믿음에 대해 말하면서 믿음과 구원을 연관지었다. 즉 그리스도에 대한 믿음은 구원을 받는 유일한 수단이다. 반면 야고보서는 구원이 아니라 성화에 대해 말하고 있다. 즉 믿음 안에서 어떻게 성숙한 그리스도인으로 살 수 있는지를 설명하고 있다. 다시 말해 야고보는 진정한 믿음은 단순히 믿음의 선언이 아니라 행함까지도 포함하는 믿음의 태도라고 말하고 있는 것이나. 야고보서는 결론적으로 '나는 믿음이 있다고 말하는 것은 쉽다. 그러나 그 말은 행함으로 증명되어야 한다'고 말한다. 바울과 야고보는 서로 대립하지 않았다. 야고보서와 갈라디아서의 문맥을 고려하여 읽는다면 한 사람이 진리를 알려주는 것보다 두 사람이 진리를 알려줄 때, 두 서신서의 서로 다른 강조점으로 인해 우리가 더 완전한 그림을 볼 수 있게 된다는 사실을 이해할 수 있을 것이다.

문맥을 고려하여 해석하는 것이 무엇인지 설명하기 위해 우리가 위에서 살펴본 참고 구절 중 하나인 요한복음 7:48절로 돌아가자. NLTthe New Living Translation성경은 이 구절을 "is there a single one of us rulers or Pharisees who believes in him?"우리 관원들이나 바리새인들 중에 믿는 사람이 단 한 사람이라도 있는가?라고 번역했다. 만약 유대인의 관원들이나 바리새인들 중 어떤 사람이 예수를 믿었다면 그는 아무도 모를 만큼 철저하게 그 사실을 숨겼을 것이다. 이처럼 우리는 문맥을 고려할 때 더 풍성한 의미를 발견할 수 있다. 단지 이 구절만 보고 유대인의 관원들 중에 믿는 사람이 단 한 사람도 없었다고 가정하는 것은 잘못 된 것이다. 이어지는 다음 구절들에서 우리는 최소한 그들 중 한 명은 예수님을 믿었다는 사실을 알 수 있다.

"These ignorant crowds do, but what do they know about it? A curse on them anyway!" Nicodemus, the leader who had met with Jesus earlier, then spoke up. "Is it legal to convict a man before he is given a hearing?"

성경연구 GUIDE BOOK

he asked. They replied, "Are you from Galilee, too? Search the Scriptures and see for yourself--no prophet ever comes from Galilee!" 요 7:49-52, NLT

"율법을 알지 못하는 이 무리는 저주를 받은 자로다 그 중의 한 사람 곧 전에 예수께 왔던 니고데모가 그들에게 말하되 우리 율법은 사람의 말을 듣고 그 행한 것을 알기 전에 심판하느냐 그들이 대답하여 이르되 너도 갈릴리에서 왔느냐 찾아 보라 갈릴리에서는 선지자가 나지 못하느니라 하였더라"

유대인의 지도자들은 교육 받은 바리새인은 아무도 예수를 믿지 않는다고 말한다. 그들은 어리석어서 진리를 알 수 없는 무지한 군중들이나 예수를 믿는다고 경멸하며 말했다. 이 지점에서 틀림없이 니고데모의 양심은 찔렸을 것이다. 그는 머뭇거리면서 '어떤 사람이 한 말과 행동을 재판에서 모두 살펴보기 전에 그 사람을 심판하는 것을 율법이 금하고 있다'는 사실을 동료들에게 상기시키며 예수를 변호하기 위해 일어섰다. 그러자 다른 관원들이 니고데모가 메시아가 갈릴리에서 나오지 않는 것도 모를 만큼 예언서를 공부하지 않았다며 비난하면서 그가 예수의 편에 선 것에 암묵적인 압박을 가했다. 이 분노 섞인 비난에 니고데모가 어떻게 반응했는지 주목하라.

그는 아무런 대응도 하지 않고 침묵했다. 그리고 밤에 몰래 예수를 만난 사실을 함구했다. 니고데모는 바리새인들에게 "제가 개인적으로 예수라는 사람을 만나 이야기를 나눠보았는데, 그는 우리가 생각하는 것보다 이성적이며 좋은 사람입니다. 그 사람이 나에게 이런 말을 했습니다.…"라고 말할 수 있었다. 그러나 그는 아무 말도 하지 않았다. 마치 한 번도 예수를 만난 적이 없는 것처럼, 이 순간이 빨리 지나가기만을 바라며 서 있었다. 우리는 이 장면에서 니고데모가 자신의 높은 사회적 지위를 잃어버리고 출교당할 것이 두려워 유대인의 지도자들과 끝까지 반대편에 서지 않았다는 우리의 추측을 확정할 수 있다.

이번 장에서 당신은 문맥과 참고 구절들을 통해 어떻게 바른 해석을 위한 정보들을 모을 수 있는지를 배웠다. 당신이 문맥을 통해 발견한 모든 것들을 당신의 '해석 메모장'에 적어라.

서로 참고하기 표	
참고 구절	해석적 의미

'관원들'

누가복음 23:13	빌라도와 교제 지도자 부류들 　대제사장들 　바리새인들 - 관원들
누가복음 23:35 요한복음 7:26	관원들은 예수님을 비웃고 경멸했다. 관원들은 예수님을 믿지 않았다.
요한복음 7:48	니고데모는 예수님과의 교제에 대해 말하는 것을 두려워했다.
요한복음 12:42	많은 관원들이 예수님을 믿었지만 바리새인들에 대한 두려움 때문에 결코 말하지 않았다. 바리새인들은 믿는 사람을 출교시킬 수 있었다.
사도행전 3:17	베드로는 관원들이 그리스도에 대해 무지함으로 그를 그렇게 했다고 지적했다.

서로 참고하기 표	
참고 구절	해석적 의미
사도행전 4:5, 8	두 개의 카타고리: 장로들과 500명이 믿은 후에 관원들은 대제사장과 함께 모여서 베드로에게 질문했다.
사도행전 13:27	바울은 회당의 유대인 지도자들에게 강권했다. 그러나 그들의 관원들은 그의 가르침을 깨닫지 못했다.

work
shop

요한복음 1장에서 한 단어를 선택하라. 그 단어로 '서로 참

고하기 표' 를 만들어 보라.

요한복음에서 한 본문을 선택하고, 그 본문의 앞뒤 구절들을 읽어라. 그런 다음 당신의 '해석 메모장'에 문맥을 통해 당신이 발견한 것들을 적어라.

8장
성경 밖에서 찾기

성경에 관한 자료들 활용하기

성경으로 성경을 해석할 수 있다. 하지만 성경에 관한 방대한 자료들을 활용해 필요한 정보를 얻을 수도 있다. 수세기 동안 역사적인 글들, 고고학 자료들, 그리고 초기 그리스도인의 글들을 연구한 학자들이 만들어 온 엄청난 정보들을 오늘날 당신은 책과 컴퓨터 자료들을 통해 쉽게 접근할 수 있다. 이 장에서 우리는 그 자료들 중 일부를 살펴볼 것이고, 그것들을 활용하는 방법에 대해서도 짧게 알아볼 것이다.

해석하는 방법에 대해 설명하는데 계속해서 요한복음 3장을 사용할 것이다. 특히 1-10절을 주의 깊게 살펴볼 것이다. 당신의 해석 메모장에 이렇게 찾은 참고 사항들을 기록하라. 아마 메모장은 본문에 대해 이렇게 얻은 정보들로 가득 차게 것이다. 이 해석 메모장은 후에 당신이 단락들과 단어들을 해석하거나 최종 개관을 만들 때 다시 점검하여 참고할 것이다.

정의

성경에 나오는 단어를 해석하는 효과적인 방법 중 하나는 사전을 찾아보는 것이다. 나는 당신이 일반 사전부터 찾아보기를 권한다. 일반 사전은 성경에 나오는 단어의 정의와 기원, 다양한 사용법과 단어의 배경까지 알려줄 것이다.

성경에 나오는 단어의 정의를 알아보는 또 다른 방법은 성경사전을 찾아보는 것이다. 일반적으로 성경사전은 일반 사전보다 더 확장된 성경적 정의를 알려준다. 좋은 성경사전은 그 단어의 정의와 배경뿐 아니라 그 단어가 신·구약 성경에서 어떻게 사용됐는지도 알려줄 것이다.

어떤 단어의 의미를 명확히 하기 위해 사전에서 그 단어의 반의어를 찾아보는 것도 좋은 방법이다. 종종 반의어가 그 단어의 뜻을 더 정확하게 알려준다. 예를 들어 사전에서 '사랑'이란 단어를 찾을 때에는 '미움'이라는 단어의 정의도 함께 찾아보라. '바리새인'이란 단어를 찾을 때, '사두개인'이란 단어도 찾아보라. 나는 이렇게 연관된 단어들의 뜻을 찾아보는 것이 성경연구에 큰 도움이 된다는 것을 알았다. '선생'이라는 단어를 찾을 때, '교육'이라는 단어도 찾아본다. 나아가 '유대인의 교육'까지도 찾아본다. 이런 시도들은 한 주제에 대한 당신의 지식을 더 넓고 날카롭게 해줄 것이다.

번역본들과 의역본들

다음으로 참고할 자료는 당신이 주로 사용하는 성경 번역본 외에 다른 번역본들이다. 각 번역본들의 단어를 비교하는 것은 당신의 관점을 새롭게 하여 더 폭넓은 해석이 가능하도록 눈을 열어줄 것이다. 나는 두 개 내지 세 개의 번역본이나 의역본을 번갈아 볼 것을 추천한다. 지금 서점에는 좋은 의역본이 많이 나와 있다. 그 중 가장 인기 있고 유용한 의역본은 단연 '메시지'이다. 그러나 나는 여기서 의역본의 사용에 대해 한 마디의 경고를 덧붙이고 싶다. 의역본 위에 당신의 교리를 세우지 마라. 의역본은 거의 한 사람에 의해 쓰여 진다. 바로 이 점이 의역본의 장점이기도하지만 이 때문에 의역본은 부득이하게 한 사람의 관점을 반영한다. 교리를 위해서는 존경받는 학자들로 구성된 편찬위원회에 의해서 편찬된 번역본을 택하라.

참고 도서들

오늘날 많은 자료들은 성경이 쓰여 진 시대의 용어와 사상, 역사적 배경과 그 시대의 생활방식, 사고방식, 관습 등을 찾는 데 유용하다. 위에서 이미 이런 정보들을 얻는 방법을 소개했지만 나는 아래에 몇 가지 방법을 더 소개하고 싶다. 그것은 스터디성경, 용어사전, 지도책, 백과사전, 주석, 한 가지 주제를 다룬 단행본들을 활용하는 것이다. 이런 자료들은 당신과 내가 단시간에 연구할 수 없는 것들, 즉 전문가의 학문적인 시각으로 한 주제를 조사하고 연구하는 데 전 생애를 보낸 사람들의 통찰과 정보를 제공한다. 다시 말해 성경의 해석을 명료하게 하고, 그 의미를 이해하는 데 엄청난 도움을 주는 광범위한 정보들을 제공한다.

나는 '성경을 연구하는 데 성경 외에는 어떤 자료도 사용하지 않을 것'이라고 주장하는 사람들을 많이 만나봤다. 그들은 '만약 어떤 사람이 "성령에 의한 인도"를 충분히 받는다면 성경을 이해하는데 다른 자료들을 의지할 필요가 없을 것'이라고 믿는다. 그러나 나는 그들의 관점에 문제가 있다고 생각한다. 왜냐하면 성경에서 하나님이 우리에게 '선생들'을 주셨다고 분명하게 말하고 있기 때문이다. 또한 하나님은 어떤 그리스도인에게는 교회를 세우고, 성도들을 굳게 하는데 필요한 특별한 은사들을 주셨다. 우리가 설교자의 말이나 소그룹 성경공부 모임에서 성경 교사의 말을 듣고 성경이 말하는 바를 깨닫는다면 그것은 결과적으로 '성경 밖에서 배우는 것'이다. 성경 교사들이 말로 우리를 가르치는 것이나 그들의 말을 책을 통해 읽는 것이나 다를 바가 없다. 수세기 동안 많은 신실하고 헌신적인 그리스도인들이 우리가 성경의 진리에 대해 더 많이 배울 수 있도록 매우 가치 있는 기록들을 쌓아왔다. 다음은 당신이 간편하게 찾아볼 수 있는 몇 가지 참고 자료들이다.

스터디성경

스터디성경은 당신이 소유할 수 있는 가장 유용한 성경연구 도구 중 하나이다. 스터디성경은 당신이 성경 교사이거나 성경에 몰두한 학생이 아니라면 전혀 알 수 없을 광범위한 정보들을 담고 있다. 좋은 스터디성경 한 권은 아래에 열거된 많은 다른 참고 도서들을 대체할 지도 모른다. 대부분의 스터디성경은 다른 자료들을 찾을 필요가 없도록 주석, 성경 각 권에 대한 개요와 요약, 여러 표들, 지도, 그래프, 각주, 보충설명, 참고구절, 사전적 정의, 용어 색인 등 도움이 될 만한 다양한 정보들을 싣고 있다. 서점에서 여러 스터디성경을 잘 살펴보고, 당신의 필요에 맞는 것을 선택하면 된다. 스터디성경으로부터 얻은 정보들을 해석 메모장에 적어 두라.

용어사전

진지한 학생이나 성경 교사라면 주어진 단어에 대해 더 자세한 정보를 얻기 위해 용어사전을 찾아 볼 것이다. 용어사전에서는 그 단어에 대한 정의뿐만 아니라 문화적 배경, 그 문화 안에서의 쓰임새, 기원, 그리고 그 단어의 역사 등의 정보를 얻을 수 있다. 여러 종류의 사전 중 마음에 드는 것을 택하면 된다.

지도책

지도책은 성경에 나오는 인물들의 움직임과 이동 경로를 머릿속으로 그려보는 데 유용하다. 예를 들어 요한복음 4장에서 예수님과 제자들은 갈릴리로 가기 위해 유대를 떠나서 사마리아를 통과했다. 지도책은 그들이 여행했던 거리와 세 지역의 지리적 관계를 보여줌으로써 당신의 머릿속에 그들의 여행이 그려지도록 도울 것이다. 만약 바울이 살았던 1세기의 지도로 바울의 여행을 연구한다면 그 여행의 고단함을 훨씬 잘 이해할 수 있을 것이다. 또한 지도책은 여러 세기에 걸친 정치적 경계선의 변화를 보는데도 유용하다. 이스라엘 열두 지파가 정착하던 시기의 팔레스타인 지도는 신약시대 로마의 점령 하에 있던 그 지역의 경계선과 매우 달랐을 것이다. 이처럼 지도책은 성경에 나오는 거대한 제국들(이집트, 앗시리아, 바빌로니아, 페르시아, 헬라 그리고 로마)의 역사에 대해 당신의 시야를 열어 줄 것이다.

가끔씩 지도는 성경의 한 본문이나 성경 한 권을 이해하는데 중요한 열쇠를 제공한다. 예를 들어 당신은 지도 없이 여호수아서에 대한 이해를 힘들게 얻을 수도 있다. 그러나 당신이 만약 가나안 정복에 대해 읽을 때 지도를 함께 봤다면 이 전쟁에서 여호수아의 전략을 꿰뚫어 볼 수 있었을 것이다. 세계2차대전의 장군 더글라스 맥아더(Douglas MacArthur)와 이스라엘의 장군 모세 다얀(Moshe Dayan)은 모두 장군 여호수아에게 감탄을 금치 못했다. 그들은 가나안 사람들의 허를 찌른 여호수아의 전략을 연구했다. 이들이 여호수아서를 읽은 것처럼 당신도 그렇게 여호수아서를 읽을 수 있다. 그들은 모두 좋은 지도 위에서 여호수아의 군사적인 움직임을 추적했다.

대부분의 성경들은 어느 정도 필요한 지도들을 포함하고 있지만 당신이 진지한 학생이나 성경 교사라면 더 깊이 있고 자세한 지리적 정보를 담은 지도책을 가지기를 권한다.

백과사전

일반 백과사전과 성경 백과사전 둘 다 자료를 조사하는데 도움이 되는 도구이다. 백과사전은 당신에게 성경의 역사, 지리, 문화, 인물, 유물들, 고고학에 대해 보다 폭넓은 정보를 제공해 줄 것이다. 성경 백과사전은 일반 백과사전보다 성경의 주제들에 대해 더 집중적으로, 자세히 다룬다.

주석들

주석은 본문의 의미를 설명하는 성경학자의 해설을 담고 있다. 주석은 성경 한 구절 한 구절을 깊이 있게 설명해 준다. 성경 전권을 단권으로 다룬 주석도 있고, 여러 권으로 된 주석도 있다.

주석을 볼 때 중요한 점은 한 성경학자의 관점을 읽고 있다는 사실을 언제나 기억해야 한다는 것이다. 그들도 사람이고, 우리처럼 실수할 수 있다. 그러므로 우리는 항상 성경에서 스스로 관찰한 것과 주석이 가르치는 것을 비교할 수 있을 만큼 깨어있어야 한다.

한 주제를 다룬 단행본들

대부분의 기독교 서점은 당신이 깊이 있게 배우고 싶은 주제들을 잘 분류해 놓고 있다. 당신은 칭의, 구원, 구속, 성화, 그리스도인의 삶, 하나님, 성령, 예수님 등 다양한 주제에 관한 학문적인 책이나 인기 있는 책들을 살 수 있다. 만약 성경연구의 초점이 특정한 주제에 있다면 서점을 방문하여 이런 책들을 확인하라. 당신은 그밖에 여러 온라인 프로그램과 자료들을 활용할 수 있다. 당신이 찾은 모든 정보를 해석 메모장에 기록해 두라.

9장
당신의 최종 결과물

성경연구에서 찾은 것들을 개관하기

만약 당신이 이 책의 모든 과정을 잘 따라오면서 표를 만들고, 과제들을 했다면 아마도 당신의 성경연구 공책은 여러 자료들과 정보들로 넘쳐날 것이다. 하지만 이 정보들은 아직 유용한 순서대로 정렬되어 있지 않다. 문화에 대한 정보들도 있고 단어에 관한 정의들도 여기저기 흩어져 있을지 모른다. 당신의 메모들과 표들은 지식의 보석처럼 여기저기서 반짝일 것이다. 그러나 아직 그 보석들은 발견된 원석 그대로 나뒹구는 잡동사니에 불과하다.

그렇다면 성경연구의 다음 단계는 분명하고 당연한 것이다. 우리는 이제 우리가 찾은 자료들과 정보들을 지금까지 한 것처럼 적당한 제목을 붙이면서 논리적으로 구성해야 한다. 그 결과물은 당신이 성경을 더 효과적으로 기억하고 가르치게 할 것이다.

의외로 많은 사람들이 좋은 정보들을 많이 찾아놓고도 그것들을 개관으로 조직하는 것을 어려워한다. 나는 이제 당신만의 개관 만들기에 도전해 보라고 권하고 싶다. 만약 처음부터 당신만의 개관을 만드는 것이 어렵다면 좋은 개관을 찾아 따라하는 것을 주저하지 마라. 좋은 개관을 따라하는 것은 좋은 연습이 될 것이다.

본문 개관

만약 당신이 처음부터 요한복음 전체를 개관하려 한다면 너무 부담이 클 것이다. 그래서 나는 우선 장별로 나눠서 한 장씩 개관해 볼 것을 제안한다. 사실 성경 한 권을 큰 부분들로 나누고 그 부분 안에 있는 장들을 개관하는 것이 더 좋다. 이런 방법은 종종 한 장씩 개관하는 것보다 더 의미 있는 큰 그림을 보게 한다. 왜냐하면 성경 한 장에 하나 이상의 주제나 소재가 포함돼 있을 가능성이 많기 때문이다. 각 장에 표시된 출판업자의 단락 구분을 따라 개관하는 것도 괜찮은 방법이다. 출판업자들은 이미 성경의 장들을 소제목들로 구분해 놓았기 때문에 그것을 그대로 따라가는 것도 편안한 첫출발이 될 것이다.

때로는 본문 개관의 부록으로서 보조 개관을 덧붙여야 할 때도 있다. 예를 들어 너무 중요해서 개별적으로 더 연구해야 할 단어 개관 같은 것들이다. 이런 보조 개관들은 특히 성경 교사들에게 도움이 된다. 나는 이 장에서 이러한 단어 개관의 예도 보여줄 것이다. 그럼 먼저 본문 개관에 대해 배워보자.

　과정은 생각만큼 어렵지 않다. 사실 모든 단락들이 개관의 중심을 가리키고 있다. 각 단락의 중심점들이 개관의 중심을 향해 자연스럽게 전개되고 발전된다. 개관을 만드는 방법을 설명하기 전에 나는 개관 만들기의 몇 가지 일반적인 원리를 알려주고 싶다. 첫째, 당신이 성경 밖에서 찾은 정보나 참고구절 등 그 단락 내에서 찾지 않은 것을 결코 개관의 주제로 정하지 마라. 둘째, 개관의 제목으로 당신이 만든 표의 장 제목이나 어떤 부분의 제목을 사용하는 것이 좋다.

　개관을 만드는 과정을 설명하기 위해 요한복음 1장 1–18절을 본문으로 사용할 것이다. 나는 내가 만든 관찰 표들을 복습하면서 네 개의 중심점이 있다는 것을 알았다. 나의 첫 번째 중심점은 1–5절의 관찰에서 찾을 수 있었다. 이 구절을 관찰하면서 나는 세상을 창조했고, 처음부터 하나님과 함께 있었고, 하나님이었던 말씀이 곧 그리스도의 정체성이라고 적었었다. 그래서 내 개관의 첫 번째 소제목을 "말씀–창조되지 않은 창조자"로 정했다. 나의 다음 소제목은 6–8절의 세례요한에 대한 관찰에서 찾은 것으로 "말씀의 선구자"로 정했다. 세 번째 단락인 9–13절의 소제목은 "말씀이 육신이 된 결과"로 정했고, 마지막 단락인 14–18절의 소제목은 "말씀이 육신이 된 분의 특성들"로 정했다.

　나는 이 네 개의 단락들을 다시 작은 단락들로 나눠 제목을 붙이기 위해 나의 관찰 표와 해석 메모장을 살펴봤다. 첫 번째 단락 아래에서 나는 세 개의 작은 중심점들과 그에 대한 자료들을 발견했다.

1. 말씀 - 창조되지 않은 창조자(요한복음 1:1-5)
   A. 영원한 존재성
   B. 영원한 근원
   C. 영원한 나타남

나는 내 표에서 세 개의 작은 단락 아래에 둘 자료와 정보를 각각 찾아봤다. 그리고 하나님의 거룩한 본성에 관해 찾은 관찰과 해석 자료들을 발견했다. 그래서 그 내용을 "영원한 존재성" 아래에 적었다. "영원한 근원" 아래에는 내가 발견한 정보 중에 '그리스도가 생명뿐 아니라 만들어진 모든 것의 근원이 된다'는 사실을 보여주는 정보들을 적으면서 "물질로 된 세상"과 "생명"이라는 두 가지 중심점으로 정리했다. 그러고는 내 표들을 샅샅이 뒤졌지만 "영원한 나타남"에 관한 추가적인 자료가 없다는 것을 알았다. 그래서 어디에도 속하지 않은 자료들을 그 아래에 남겨 두었다.

다음으로 나는 본문의 두 번째 단락인 "말씀의 선구자"를 보면서, 이 제목 아래로 갈 정보들을 내 표들에서 찾아봤다. 이때 기본질문을 상기시키면 그 답도 즉각적으로 떠오른다. "말씀의 선구자는 누구였는가?" 나는 6절에서 그 답을 발견해 적었다. 선구자는 하나님이 보낸 사람, 세례요한이었다. 그래서 내 개관의 "말씀의 선구자" 아래에 "세례요한—하나님이 보낸 사람"이라고 적었다. 그러고는 다시 나의 관찰 표를 살펴보면서 또 다른 기본질문을 상기시켰다. "왜 하나님은 요한을 보내셨는가?" 이 질문은 세례요한의 사명을 설명해 준다. 그래서 나는 "말씀의 선구자" 아래에 둘 두 번째 항목에 "목적"이라고 적고, 계속해서 내 표들을 살펴보다가 7절과 8절에 관한 메모에서 세례요한의 사명을 설명하는 두 개의 중심점을 발견했다. 그래서 나는 "목적" 아래에 그 두 가지 내용을 적었다.

지금까지 설명한 본문 개관 과정은 나의 개관 샘플을 보면 이해하기 쉬울 것이다. 이 장의 끝에 내가 완성한 본문의 전체 개관을 첨부했다. 기억해야할 점은 반드시 큰 단락으로부터 시작하라는 것이다. 그런 다음 당신의 관찰표들과 해석 메모들을 보면서 작은 단락들과 그 아래 항목에 자연스럽게 맞는 정보들을 발견해 적는 것이다. 당신이 찾은 유용한 정보들이 자연스럽게 자기 자리를 찾아갈 때까지 큰 주제를 작은 주제들로 구분해 나가라.

더불어 개관 만들기에 관한 몇 가지 주의사항이 있다. 첫째, 큰 단락의 제목을 붙일 때 거기 속한 작은 단락들의 제목이나 그 아래에 오게 될 항목들은 큰 단락의 제목과 연관되어야 하며 반드시 본문 안에서 얻은 정보에 근거해야 한다. 예를 들어 앞에서 설명한 내 개관의 첫 번째 단락 제목은 "말씀—창조되지 않은 창조자"로 1–5절에 해당된다. 그 아래에 작은 제목들은 이 다섯 개의 구절을 자세히 풀어 설명한 내용이다. 결코 본문 밖에서 얻은 정보들을 통해 옆길로 새지 않았다. 그렇게 되면 본문의 의도에서 벗어난 해석의 길로 들어서게 되고, 내 개관은 초점을 잃거나 기억해내기 어려운 개관이 될 것이다. 둘째, 한 제목 아래에 최소한 두 개 이상의 항목이 나오지 않는다면 굳이 문자나 숫자를 붙여서 구분하지 말고 그냥 그 제목 아래에 적어라.

단어 개관

　본문 개관을 위한 보조로서 본문의 핵심단어에 관한 개관을 따로 만들어 놓는 것은 당신의 성경연구를 위해서나 가르치는 목적을 위해서 매우 유용하다. 이러한 단어 개관을 얼마나 자세하게 만들지는 스스로 결정하면 된다. 이 장의 끝에 나의 단어 개관을 샘플로 첨부했다.

　그럼 단어 개관을 만드는 방법에 대해 나의 단어 개관을 예로 들어 설명하겠다. 나의 단어 개관은 요한복음 3장 5절에서 알아 본 "물"이라는 단어에 관한 개관이다. 이 단어 개관은 단순하다. 솔직히 나는 여러 해 전에 시간이 부족해서 이 개관을 간단하게 만들었다. 나는 오직 참고구절에 의존해서 개관을 완성했다. 이 단어 개관은 너무 단순해서 당신에게 단어 개관에 관해 설명하는데 적절하다고 생각한다.

　나는 먼저 나의 참고구절 표에 적어놓은 내용들을 살펴봤다. 그리고 "물"에 관한 나의 자료들이 네 가지로 분류될 수 있다는 것을 알았다. 첫째, 물리적이고 자연적인 액체로서의 물. 둘째, 말씀에 대한 비유로서의 물. 셋째, 성령에 대한 비유로서의 물. 넷째, 다시 태어나는 것을 가리키는 물. 나는 이 네 개의 분류를 한 두 단어로 단순화시켜 제목을 붙였다. (1)물, (2)말씀, (3)성령, (4)다시 태어남. 그런 다음 여기저기 흩어져 있는 참고구절들을 네 가지로 분류해 정리했다. 참고구절들을 적당한 제목 아래에 배치한 것이다. 그러나 단순히 적당한 제목 아래 참고구절들을 두는 것은 내가 기억하고 가르칠 수 있을 만큼 의미 있는 개관이 아니었다. 그래서 나는 이 네 개의 단어 각각의 의미를 개관에 추가했다.

"물"이라는 단어를 더 깊이 연구하기 위해 나의 해석 메모장에 있는 자료들까지 덧붙인다면 내 단어 개관은 엄청나게 확장될 것이고 개관에서 아라비아 숫자와 로마 숫자는 계속 늘어날 것이다. 간단하든지 깊이 있든지 상관없다. 당신의 필요에 맞게 단어 개관을 만들어라. 기억할 점은 개관이란 당신이 성경을 '잘 기억해내고 가르칠 수 있도록' 모든 관찰과 해석 정보들을 조직하는 것이라는 사실이다.

본문 개관

말씀이 육신이 된 증거 (요한복음 1:1-18)

Ⅰ. 말씀-창조되지 않은 창조자(1-5)
  A. 영원한 존재성(1-2)
    1. 하나님의 거룩한 본성(1)
    2. 시작부터(2)
  B. 영원한 근원(2-4)
    1. 물질로 된 세상(3)
    2. 생명(4)
  C. 영원한 나타남 (빛) (5)

Ⅱ. 말씀의 선구자 (6-8)
  A. 누구? 하나님이 보낸 사람(6)
  B. 목적? (7-8)
    1. 빛에 대한 증거(7a, 8)
    2. 온 세상이 믿게 하려고(7b)

Ⅲ. 말씀이 육신이 된 결과(9-13)
  A. 부정적인 것(9-11)

성경연구 GUIDE BOOK

1. 모든 사람을 비춤 그러나(9)
2. 사람들의 거절(10,11)
    a. 이 세상에 의해서(10)
    b. 자기 백성들에 의해서(11)

B. 긍정적인 것(12-13)
1. 믿음으로 난 하나님의 자녀(12)
2. 사람이 아닌 하나님에 의해(13)

IV. 말씀이 육신이 된 분의 특성들(14-18)
A. 오직 아버지께 받은(14)
B. 말씀의 선구자보다 더 위대한 분(15)
C. 진리와 은혜의 통로(16-17)
D. 보이지 않는 하나님의 보이는 모습(18)

단어 개관

물

I. 물
A. 상징
1. 말씀(엡 5:26)
2. 영원한 생명(요 4:14, 7:36-39)
3. 성령(요 7:39)

B. 역할 : 씻는 것(엡 5:26, 히 10:22)

II. 말씀
A. 상징
1. 씨앗(요일 3:9)
2. 성령의 검(엡 6:17)

B. 역할
1. 깨끗하게 함(엡 5:26, 요 15:3, 시 119:9,10)
2. 성화(요 17:17, 벧전 1:2, 고전 6:11)
3. 위로와 책망(시 119:50, 히 4:12)

4. 성도 안에 역사(살전 2:13)

III. 성령
A. 분별하게 함(요 6:26)

B. 성화(벧전 1:2)

   말씀의 중개자(요 17:17, 고전 6:11)

C. 생명을 줌(요 6:63)

IV. 다시 태어남
A. 물(요 3:5)

B. 성령(요 3:5)

C. 말씀(고전 4:15, 약 1:18, 벧전 1:23, 요 1:13, 약 1:15)

D. 씨앗(벧전 1:23, 요일 3:9)

요한복음 4장의 핵심단어를 찾아라. 그 단어의 단어 개관을

만들어라.

work
shop

당신의 표들을 살펴보고 가장 잘 기록된 장을 찾아라. 그리

고 그 장의 본문 개관을 만들어라.

10장
적용의 원리들

실력이 검증받는 곳

성경연구가 당신에게 해로울 것은 전혀 없다고 생각할 것이다. 당연히 그렇다. 하지만 우리는 타락한 인간이기 때문에 긍정적이고 유익한 어떤 것도 우리의 반응에 따라 때로 부정적인 결과들을 낳는다. C.S루이스C.S.Lewis는 그리스도인이 겸손할 때조차 그것에 대한 첫 번째 반응은 종종 그러한 태도에 대한 자부심이라고 말했다. 그래서 성경연구 자체를 목적으로 삼는다면 우리의 지식과 이해가 늘어남에 따라 타락한 우리의 본성으로 인한 부정적인 반응도 늘어날 수 있다. 그 중 하나는 해석에만 만족하는 함정에 걸려 결코 적용으로 다가가지 않는 것이다. 그러나 성경의 진리들을 어떻게 우리 삶에 적용할 수 있을지를 배워야 비로소 헌신적이고 거룩한 삶을 살 수 있다. 즉 우리는 성경 연구를 통해 배운 것들을 일상생활에 적용해야 한다.

마틴 루터Martin Luther는 많은 성경 지식을 가진 성경학자였다. 가톨릭 수사였던 그는 성경에서 발견한 진리가 이해될 때까지 매일 여러 시간 성경을 읽었다. 그런데 그가 거기서 멈추었는가? 절대 그렇지 않다. 그의 성경 지식은 그를 행동하게 했다. 성경은 교회의 많은 활동들이 잘못되었다는 것을 그에게 확신시켜 주었다. 그가 아흔다섯 개의 조항을 비텐베르크Wittenburg 교회 문에 붙였을 때 그의 삶은 위태로워졌다. 후에 그 행동의 결과로 황제 앞에 서서 재판을 받아야 했다. 그 자리에서 그는 성경연구를 통해 배운 진리, 즉 '구원은 오직 하나님의 은혜에 의한 것이다'라는 주장을 철회하라는 명령을 받았다. 그러나 루터는 황제에 맞서서 담대하게 말했다. "나는 내 주장을 철회할 수 없다. 내 양심이 하나님의 말씀에 사로잡혀 있기 때문이다."

역사는 성경을 연구하고 그 지식에서 동기부여를 받은 수많은 그리스도인들이 그 진리를 적용함으로써 하나님을 위해 위대한 일을 행한 증거를 우리에게 보여준다. 진리에 대한 확신 때문에 화형당한 보헤미안의 개혁자, 존 후스John Huss. 성경을 각 나라 언어로 번역하고 그러한 신념 때문에 순교한 존 위클리프John Wycliffe. 복음전도의 열정으로 "오 하나님, 스코틀랜드를 내게 주시든지 아니면 죽음을 주십시오."라고 부르짖은 존 낙스John Knox. 이 모든 경우에서 본 것처럼 성경 지식은 그들이 행동하도록 이끌었다. 지식은 적용 없이는 의미가 없다. 성경의 목적은 우리에게 하나님 나라의 구성원으로서 어떻게 살아야 할지를 보여주는 것이다. 예수님도 성경 지식만 쌓지 말고 말씀을 따라 살라고 우리에게 경고하셨다. 마태복음 7장 24-27절을 읽어보라.

> "그러므로 누구든지 나의 이 말을 듣고 행하는 자는 그 집을 반석 위에 지은 지혜
> 로운 사람 같으리니 비가 내리고 창수가 나고 바람이 불어 그 집에 부딪치되 무너
> 지지 아니하나니 이는 주추를 반석 위에 놓은 까닭이요 나의 이 말을 듣고 행하지
> 아니하는 자는 그 집을 모래 위에 지은 어리석은 사람 같으리니 비가 내리고 창수
> 가 나고 바람이 불어 그 집에 부딪치매 무너져 그 무너짐이 심하니라"

예수님의 가르침을 듣는 것만으로는 충분하지 않다. 말씀에 순종하는 것만
이 우리를 지혜롭게 하고, 우리 삶을 단단한 반석 위에 지은 집처럼 흔들리지
않게 한다.

알다시피 성경은 엄청난 지식의 창고이다. 그것을 연구하는데 전 생애를 드
려도 부족할 만큼 어마어마한 과제다. 그러나 실족할 필요가 없는 이유는 하
나님이 우리의 약함과 한계를 알고 계시기 때문이다. 하나님은 우리에게 불가
능한 것을 기대하지 않으신다. 하나님은 단지 우리가 빛 되신 주님을 따르기
원하신다. 우리가 배운 것이 많든 적든 그것을 적용하여 성숙하기를 기대하
신다. 그러나 주님은 그것이 하루아침에 되는 것이 아니라 시간이 걸리는 하
나의 과정이라는 사실을 알고 계신다. 그래서 주님은 지금 우리가 서 있는 자
리에서 우리를 만나주시며, 말씀을 적용하도록 도와서 우리가 가능한 만큼의
발걸음을 떼도록 인도하신다.

말씀을 삶에 적용하는 것은 복잡하지 않다. 예를 들어, "간음하지 말라"출

20:14는 말씀의 적용은 명료하다. 이 명령은 단지 표면적인 의미 그대로 적용하면 된다. 더 깊이 생각할 필요가 없다. 회색 지대도 없고, 다양한 개인적 적용을 위해 연구할 필요도 없다. 그냥 단순하게 읽고 순종해라. 그런데 종종 어떤 본문들은 진리를 어떻게 우리 삶에 적용해야 할지를 찾는 방법을 배워야 한다. 이러한 목적으로 나는 본문에 던져야 할 일곱 개의 적용 질문을 만들었다. 이 질문들은 당신이 본문 속에서 적용할 진리들을 발견하도록 도울 것이다.

일곱 개의 적용 질문

성경연구로부터 배운 것을 삶에 적용하기 위해 나는 성경 본문과 내 연구물들, 즉 내가 만든 개관들과 표들을 두고 다음의 질문을 던진다. 이 질문들은 해석에서 내가 실질적으로 삶에 적용할 수 있는 것들을 발견하도록 도와준다. 나는 그것들을 나의 적용 노트에 기록한다. 여기 일곱 개의 적용 질문이 있다.

1. 이 본문에서 어떤 진리를 발견했는가?

이 질문에 대답하기 위해서 지금까지 나는 본문을 연구하고, 개관들과 표들을 만든 것이다. 물론 본문에서 발견한 진리들은 많고 다양할 것이다. 나는 지금 그 모든 진리들을 당신 스스로 연구해서 얻었다는 사실을 강조하기 위해서 이 질문을 하고 있다. 한 본문에서 어느 정도의 진리를 발견해야 한다는 정답은 없다. 그것은 본문에 따라 때로 본문의 길이와 당신의 노력에 따라 달라진다. 그러나 일반적으로 요한복음 3장 1-10절 같은 본문에서 당신은 세 개에서 다섯 개의 적용 가능한 진리들을 발견했을 것이고, 더 집중하고 시간을 들였다면 그 이상의 적용 가능한 진리들을 발견했을 지도 모른다. 나는 예전에 요한복음 3장의 이 열 구절에서 서른여섯 개의 적용 가능한 진리를 발견한 학생을 본 적이 있다.

요한복음 3장 1-10절에서 당신은 어떤 진리를 발견했는가? 하나님의 나라를 보기 위해서 사람이 다시 태어나야 한다는 예수님의 말을 읽으면서 당신은 어떤 진리를 발견했는가? 그렇다. 사람은 다시 태어나야만 한다는 자체가 진리이다. 적용 노트에 이 진리를 기록하라.

2. 이 진리를 어떻게 당신의 삶에 적용할 수 있는가?
(일에서, 가정에서, 이웃에게, 나라에)

위의 질문으로 찾은 진리를 어떻게 당신의 삶에 적용할 수 있는가? 이 진리를 당신의 삶의 어느 영역에 적용할 수 있는가? 가정? 이웃? 나라? 그 외 어떤 활동들? 외모?

예를 들어 "사람은 다시 태어나야만 한다."는 진리를 어떻게 당신의 삶에 적용할 수 있는가? 만약 당신이 다시 태어난다면 지금의 당신과 어떻게 다를 것 같은가? 그것은 세상을 보는 당신의 관점에 영향을 미칠 것 같은가? 그렇다면 어떤 영향을 미치겠는가? 또 그것은 당신이 동료, 가족, 이웃을 대하는 방식에 영향을 미치겠는가? 분명하고 구체적으로 이 질문들에 대한 답을 적어보라.

3. 이 진리는 당신의 삶에 어떤 구체적인 변화를 만들어야 하는가?

'다시 태어난다'는 말의 의미에는 분명히 새로운 권위에 순종하는 새로운 사람이 된다는 뜻을 포함한다. 당신이 발견한 진리가 당신의 삶에 어떤 극적인 변화를 만들어 냈는지 또는 낼 것인지 알기 위해 당신 자신을 깊이 있게 성찰해야 한다. 당신은 혹시 여전히 다시 태어나기 전처럼 행동하고 있지는 않은가? 당신의 가족, 친구, 동료들은 다시 태어난 이후의 당신의 변화에 대해 설명할 수 있는가? 당신은 정말 이제 새로운 주인인 그리스도의 기준으로 모든 결정을 내리는가? 아니면 여전히 삶에 대한 책임을 스스로 지고 있는가? 이런 불편한 자기성찰을 엄격하고 냉정하게 해보라. 당신이 무시해왔기에 변화되지 못한 채로 남아있던 삶의 영역들을 보고, 지금 당신에게 필요한 변화들을 만드는 것이 적용의 목적이다.

4. 구체적인 변화를 위해 나는 실질적으로 무엇을 할 수 있는가?

당신의 새로운 출생이라는 사실을 반영하는 삶의 변화들을 목록으로 만들어 보라. 이제 당신은 삶의 구체적인 변화를 위해 당신의 기질을 길들이거나 오래된 습관들을 다스려야만 할 것이다. 그렇게 하기 위해 당신 스스로에게 어떤 실질적인 제안을 할 수 있는가? 혹시 책임감 있는 파트너가 필요하지는 않은가? 정말 실질적인 해결책을 찾아야 한다. 당신은 스스로에게 가차 없이 이 질문을 해야 한다. 그리고 당신이 빠져나갈 수 없는 해결책을 고안해내야 한다. 당신 자신의 변화되지 못한 영역들을 깨닫고, 다음 단계로 그 문제를 해결하기 위한 실질적이고 구체적인 방안을 생각해내라.

나는 내가 요한복음 4장의 적용 노트를 적을 때를 기억한다. 관찰과 해석 단계에서 나는 예배에 대해 연구하면서 '그리스도의 이름으로 다른 사람을 돕는 것'이 예배의 한 방법이라는 사실을 알았다. 그렇다면 이 진리를 어떻게 구체적으로 적용해서 내 삶에 실질적인 변화를 만들어 낼 것인가? 이런 적용 질문을 하면서 나는 스스로에게 충격을 받았다. 그때까지 내 삶에는 다른 사람을 돕기 위한 어떤 습관도 없었다. 그래서 나는 다른 사람들을 돕는 사람이 되기 위해 내 삶에 어떤 변화를 주어야 할까를 고심했다. 당시 나는 샌버나디노 근처의 산 속에 살았는데 더운 여름철에 그 산길에서 종종 차들이 과열로 멈춰 섰다. 고속도로 갓길에 차를 세우고 레지에이터를 식히는 차들을 발견하는 것은 흔한 일이었다. 나는 자주 혼자 그 길로 다녔기 때문에 이러한 낯선 운전자들에게 물을 공급하는 것이 내가 다른 사람들을 도울 수 있는 한 방법임을 깨달았다. 낯선 이들의 차가 멈춰 설 때마다 나에게는 완벽하게 '예배할 기회'가 생기는 것이다.

그렇다면 어떻게 실질적으로 이 계획을 실행에 옮길 수 있을까? 나는 적용 노트에 이렇게 적었다. "10리터들이 컨테이너를 사서 거기에 물을 채워라. 그리고 그것을 차 트렁크에 항상 가지고 다녀라." 나는 그 구체적인 해결책을 따랐고, 내 성경연구의 결과로 나는 고속도로에서 나에게 고마움을 표시하는 운전자들에게 내가 나눠준 물 이상의 더 좋은 물복음을 나누어 줄 수 있었다.

5. 이 진리의 적용에 관한 개인 기도제목은 무엇인가?

만약 당신이 성경의 진리를 적용하기 위해 기도한다면 하나님은 당신에게 엄청난 기도의 능력을 더하실 것이며, 그분의 크신 능력으로 당신을 도우실 것이다. 하나님의 영광을 위해서 성경의 진리를 제대로 적용할 수 있도록 힘과 지혜와 용기를 그분께 구하라. 만약 적용을 위해 어떤 종류의 투쟁이 필요하면 그것까지 하나님께 정직하게 구하라. 나는 당신이 두 가지 이유로 적용에 관한 개인 기도제목을 쓰기를 강력하게 권한다. 첫째, 글쓰기라는 행동은 당신의 생각을 '성육신'시키는 데 효과적이다. 말로만 기도하면 단순히 머릿속에 있는 생각을 쏟아내고 지나쳐 버리게 된다. 그러나 기도를 쓰게 되면 기도를 눈으로 보고 만질 수 있게 된다. 즉, 기도를 쓰면 당신은 기도의 내용을 실제적으로 눈으로 보게 되므로 더 진지하게 기도의 내용을 마음속에 새기게 된다. 둘째, 쓰여 진 기도는 나중에 당신이 그와 같은 기도를 다시 하게 하므로 적용에 대한 의지를 다시 다지게 만든다.

6. 이 진리를 가장 잘 요약하고 기억나게 해줄 성경구절은 무엇인가?

성경 본문을 기억하는 것은 당신의 마음 깊이 진리를 심는 것과 같다. 당신의 참고구절 표를 보라. 그 중에 당신이 적용할 진리를 잘 요약한 구절이 있는가? 종종 기억하기 가장 좋은 성경구절은 당신이 연구하고 있는 본문일지도 모른다. 요한복음 3장의 '다시 태어남'이라는 진리를 가장 잘 기억나게 해줄 참고구절은 고린도후서 5장 17절이다.

"그런즉 누구든지 그리스도 안에 있으면 새로운 피조물이라 이전 것은 지나갔으니 보라 새 것이 되었도다"

7. 이 진리를 잘 기억하도록 돕고, 다른 사람에게 전달하는 것도 도울 수 있는 다른 어떤 표현 방식이 있는가? (예를 들어 스토리텔링, 시, 그래프, 만화, 그림 등)

당신은 예전에 들었던 설교나 강의, 읽었던 책에서 내용을 강조하기 위해 삽입됐던 삽화만 확실하게 기억났던 경험이 있을 것이다. 우리는 그런 것들을 더 잘 기억해 낸다. 사실 가끔 내용은 생각나지 않고 삽화만 기억나기도 한다. 물론 삽화의 역할은 내용을 기억나게 하는 것이다. 성경연구에서도 삽화가 내용이나 진리를 더 생생하게 기억나도록 만든다. 또한 이런 장치들은 신선함과 재미를 주기도 한다. 굳이 삽화가 아니라 재밌는 스토리텔링이나 시, 그래프, 만화, 그림일 수도 있다. 한 학생은 그리스도의 몸 안에 자신의 자리를 그려 넣기를 원했다. 그녀는 교회와 그리스도를 상징하는 몸의 윤곽을 그린 후 그 안에 선으로 그린 작은 사람 모양을 채워 넣었다. 그러고는 그 작은 사람들 중 하나에 화살표를 그려 자기 자신이라고 표현했다.

사람은 다시 태어나야 한다는 요한복음 3장의 진리를 당신은 어떻게 다르게 표현할 수 있겠는가? 당신은 심장병에 걸려 죽어가면서 심장이식수술이 절실히 필요한 사람에 관한 짧은 이야기를 비유로 만들어 낼 수도 있다. 글에 재능이 없다면 그림이나 도표를 그려도 된다. 무엇이 됐든 당신이 적용할 진리를 구체화시켜 창조적으로 표현하라.

적용과 복음증거

성경의 진리를 당신의 삶에 잘 적용하는 것만큼 중요한 것은 다른 사람에게 복음을 전할 때 말씀을 충분히 활용하는 것이다. 그들의 필요와 상황에 직접적으로 연결시킬 적절한 성경구절을 아는 것은 복음증거에 엄청난 도움이 된다. 요한복음 3장의 내용은 대화를 통해 복음을 전하는 방법에 대해 많은 단서를 제공한다. 만약 당신이 한 무슬림 성직자와 이야기한다고 가정해 보자. 당신은 그에게 "예수님이 종교 지도자에게 하신 말씀을 나누어도 될까요?"라는 말로 대화를 시작할 수 있다. 그런 다음 당신은 그에게 요한복음 3장의 예수님과 니고데모의 대화를 소개할 수 있다. 또는 당신이 주지사나 시의원과 대화한다고 가정해 보라. 당신은 니고데모가 정치 지도자였음을 기억할 것이다. 그래서 그에게 예수님이 니고데모에게 하신 말씀을 들려줄 수 있을 것이다.

성경을 잘 활용할 수만 있다면 복음을 전하는데 엄청난 도움이 된다는 사실은 분명하다. 앞에서 예수님이 사마리아 여인에게 어떻게 복음을 전했는지 상기해 보라. 첫째, 예수님은 그녀에게 너무나 매력적인 제안을 했다. 즉, 그녀의 갈증을 영원히 해결할 물을 주겠다고 하셨다. 둘째, 예수님은 이 축복을 맛보는 데 방해되는 것이 무엇인지 말씀하셨다. 바로 그녀의 부도덕한 삶이었다. 셋째, 예수님은 그녀를 향한 하나님의 계획을 말씀하셨다. 즉, 어떻게 예수님과 교제하며 예배할 수 있는지에 대해 설명하셨다. 넷째, 예수님은 자신이 누구인지 밝히시면서 그녀에게 믿음을 도전하셨다. "믿을 거니? 믿지 않을 거니?" 이 질문은 복음을 전하면서 넘어야 할 필수적인 질문이다.

예수님의 대화가 사영리의 내용과 얼마나 비슷한지 알아챘는가? 사영리의 첫 번째 원리는 사람들에게 매력적으로 들리는 말이다. "하나님은 당신을 사랑하시며 당신을 향한 놀라운 계획을 가지고 계십니다." 많은 전도자들이 사람들에게 죄인이라고 지적하면서 복음증거를 시작한다. 그것은 물론 사실이다. 그러나 그 말은 사람들에게서 긍정적인 반응을 이끌어내기 어렵다. 자신을 정죄하는 사람을 좋아할 사람은 아무도 없을 것이다. 특히 대화를 시작하면서 말이다. 그리스어로 복음은 '기쁜 소식'이라는 뜻이다. 그런데 어떤 사람에게 "당신은 지옥에 떨어질 저주 받은 죄인입니다."라는 말부터 전하면서 기쁜 소식이 되기를 바라는 것은 무리이다.

오늘날 많은 사람들의 삶에 부족하기에 오히려 간절히 찾는 두 가지가 있다. 첫째는 사랑이고, 둘째는 의미이다. 만약 당신이 사람들에게 이 두 가지를 줄 수 있다면 그들은 사마리아 여인이 생명을 주는 물을 주신 예수님에게 반응했듯이 당신에게 반응할 것이다.

예수님이 사마리아 여인에게 기쁜 소식을 먼저 전한 후에 그녀가 왜 그것을 경험할 수 없는지에 대해 말했다는 사실을 알아채라. 그녀는 부도덕한 삶을 사는 여인이었다. 그녀의 죄는 하나님과의 사이를 가로막고 있었다. 뿐만 아니라 생명을 주는 물을 경험하는 것도 가로막고 있었다. 사영리의 두 번째 원리와 같다. 그것은 우리가 왜 첫 번째 영적인 원리인 하나님의 사랑을 경험할 수 없는지를 설명한다. 사람들은 죄에 빠져 있으며 하나님으로부터 분리되어 있다. 그로 인해 우리는 하나님의 사랑을 경험할 수 없고, 하나님이 만드신 원래의 목적대로 살 수 없게 되었다.

다음으로 예수님은 여인에게 어떻게 죄의 벽을 넘어갈 수 있는지에 대해 설명하셨다. 이것은 사영리의 세 번째 영적인 원리와 같다. 예수 그리스도만이 사람의 죄를 해결할 수 있는 하나님의 유일한 방법이다. 그를 통하여 우리는 우리를 향한 하나님의 사랑과 계획을 알게 된다.

마지막으로 예수님은 그녀를 이 원리들을 개인적으로 받아들이고 믿음의 결정을 내려야만 하는 자리로 이끄셨다. 예수님은 여인에게 자신이 누구인지를 밝히셨다. 그래서 그녀는 그 사실을 믿든지 믿지 않든지를 선택해야만 했다. 사영리의 네 번째 원리는 예수 그리스도에 대한 믿음의 결정을 내리도록 이끌어 준다. 우리는 개인적으로 예수 그리스도를 나의 구주, 나의 하나님으로 맞아들여야 한다. 그러면 우리는 하나님의 사랑과 계획을 알고 경험하게 된다.

결론적으로 성경은 우리에게 추상적인 어떤 지식을 주기 위해 쓰여 진 책이 아니라 실제적이며 적용 가능한 진리를 가르쳐 주기 위해 쓰여 진 책이다.

피해야 할 위험

골프선수가 골프공을 칠 때, 공이 한 번에 홀로 빨려 들어가기를 기대하면서 핀을 세게 때린다. 그러나 공이 지나는 길에는 많은 방해물들이 있다. 한쪽에는 물웅덩이가 있고, 다른 쪽에는 숲이 있으며 그 옆에는 모래 언덕도 있다.

성경연구에도 이와 비슷한 위험들이 있다. 만약 우리가 주의하지 않는다면, 적용이라는 목표에 이르기도 전에 덫에 걸리고 말 것이다. 그럼 이제 이러한 위험들에 대해 미리 알아보자.

첫 번째 위험 _ 해석을 적용으로 착각하기

우리는 가끔 진리를 이해한 것을 적용한 것으로 착각한다. 우리는 예수님과 사마리아 여인과의 대화에서 배운 진리들을 이해하고 마음에 새길 수 있다. 그런데 그 진리들을 일상생활에 적용하지도 않고 마치 '영혼을 찾는 전도자'가 된 것처럼 착각한다. 그것은 총 한번 쏘아본 적 없는 소년이 군복을 입고는 용감한 군인이 되었다고 착각하는 것과 같다. 이처럼 아는 것과 행하는 것은 완전히 다른 것이다.

두 번째 위험 _ 미루기

우리는 보통 성경연구를 좋아하지 않는다. 그것은 이상한 일이 아니다. 당신은 지금까지 성경연구를 해본 적이 없고, 그러한 생활방식이 삶에 깊이 뿌리내리고 있다. 그러므로 당신의 몸과 감정은 성경을 연구하도록 충동질하는 것이 아니라 오히려 그것에 저항할 것이다. 갑자기 습관을 바꾸거나 일상생활 속에서 반복적으로 어떤 일을 하도록 훈련하는 일은 결코 쉬운 일이 아니다. 그러나 강력한 언행일치의 삶은 좋은 습관과 훈련 위에 지어진다. 헌신 없이는 결코 그러한 삶을 살 수 없다. 따라서 당신의 감정을 당신의 의지에 굴복시키라.

당신이 어떤 일을 미룰 때, 그것은 당신의 우선순위가 무엇인지를 여실히 보여주는 것이다. 나중에 하겠다고 핑계를 댈 때마다 당신은 항상 그것 대신 다른 행동을 할 것이다. 그 대체되는 행동이 당신의 우선순위인 것이다.

솔직히 말해 우리는 모두 성경연구를 좋아하지 않는다. 그러나 나에게 성경을 보도록 동기부여 하는 것은 '그것을 하고 싶다'는 감정이 아니라 시간을 들여 '하나님의 말씀을 듣겠다'는 나의 의지이다. 즉 하나님이 성경을 통해 나에게 말씀하실 것이라는 깊은 신뢰가 일시적인 감정을 이기고 나를 성경 앞으로 이끈다.

세 번째 위험 _ 행동이 수반되지 않는 감정적 반응

당신은 성경을 보면서 강한 감정적 반응을 불러일으키거나 세게 마음을 치는 심오한 진리를 발견할지도 모른다. 이러한 감정적 반응은 날아오를 듯한 기쁨일수도 있고 거룩한 슬픔일수도 있으며 죄에 대한 깊은 후회일수도 있다. 그러나 감정 자체를 느끼는 데만 몰두하고, 그러한 감정을 행동으로 연결시키지 못한다면 당신은 적용에 실패하는 것이다.

네 번째 위험 _ 즉각적인 결과에 대한 기대

우리는 기도와 헌신을 통해 성경의 원리들을 삶에 적용하고는 즉각적인 문제해결이라는 결과를 기대한다. 그러나 나는 하나님이 결과보다는 과정에 관심이 있다는 사실을 여러 번 경험했다. 우리가 예수님을 닮아가는 것은 과정을 통해서이기 때문이다. 운동과 연습을 통해 근육이 생기듯이 문제와 약함을 다루는 과정을 통해 인내와 믿음이 생긴다. 즉각적인 결과는 드물게 나타나기도 하지만 그것을 너무 기대해서는 안 된다.

다섯 번째 위험_낙담

낙담은 즉각적인 결과를 기대할 때 종종 나타난다. 낙담은 또한 훼방꾼을 만나거나 성경연구를 할 시간을 내지 못하거나 성경연구를 통해 아무것도 얻지 못했다고 생각할 때 나타난다. 낙담의 이유가 무엇이든 그것에 빨리 대처해야 한다. 성경연구의 빠른 성과에 대한 기대감을 낮추라. 만약 정말로 성경을 연구할 시간을 낼 수 없다면 자투리 시간을 활용하라. 다른 사람이 성경연구를 위해 투자하는 시간이나 그들의 연구 성과와 비교하지 마라. 단지 꾸준히 성경연구를 계속 하라. 낙담이라는 위험이 당신을 절대 좌절시키지 못하게 하라.

우리는 대부분 가끔씩 이러한 위험들을 만난다. 타이거 우즈의 골프공도 모래언덕에 떨어질 때가 있다. 중요한 것은 옳은 골프채를 골라 다시 그런 위험에 빠지지 않도록 조심하면서 공을 힘차게 밀어치는 것이다. 우리는 공을 칠 때마다 홀인원을 기대하지만 그것은 사실 현실적인 기대가 아니다. 물론 간혹 그런 일이 일어나기도 하지만, 최고의 골프 선수조차 최소한 세 번의 샷 끝에 홀에 닿는다일반인이라면 일곱 번이나 여덟 번의 샷 끝에 닿을 것이다. 그것은 연습하고, 연습하고, 연습해야 이를 수 있는 경지이다. 이것이 핵심이다. 기억하라. 성장 과정은 그 자체로 중요하다. 왜냐하면 과정은 우리의 성품에 열매를 맺게 하기 때문이다.

복음을 증거할 때 피해야 할 위험

마지막으로 복음을 증거하면서 성경을 활용할 때 피해야 할 한 가지 위험을 설명할 것이다. 그 위험은 바로 전도하는 사람과 토론을 일으킬 위험이다. 이것은 우리가 쉽게 저지를 수 있는 실수이다. 믿지 않는 사람들의 머릿속은 성경에서 흥미를 끄는 사건에 대한 질문들과 잘못된 정보들로 가득 차 있다. "가인은 어디에서 아내를 찾았습니까?" "왜 하나님은 가나안 사람들을 전부 도륙하셨습니까?" 같은 질문들 말이다. 끊임없는 질문에 추격당하거나 질문의 덫에 잡히지 않도록 주의하라.

사마리아 여인도 예수님에게 똑같은 전략을 썼다는 사실을 기억하라. 예수님이 그녀에게 다섯 명의 남편이 있다는 사실을 말했을 때, 그녀는 "당신은 선지자가 분명합니다. 왜 유대인들은 예루살렘이 예배할 수 있는 유일한 장소라고 주장합니까? 우리 사마리아인들은 여기 그리심 산에서 예배하는데요." 라고 질문했다. 예수님이 자신의 삶에 가깝게 다가가자 그녀는 종교적인 논쟁을 시작함으로써 대화의 방향을 바꾸고 싶어 했다. 그러나 예수님은 그러한 종교적인 논쟁에 휘말리기를 거절하셨다. 예수님은 단지 영과 진리로 예배해야 한다고 말씀하셨다.

오늘날 사람들은 이 사마리아 여인과 비슷하다. 그들은 논쟁이 될 만한 종교적인 질문을 꺼냄으로써 자신의 죄의 문제를 직면하는 것을 피하려 한다. 나는 전도할 때 종교적인 질문에 좀처럼 대답하지 않는다. 간혹 진지하고 적절한 질문들도 있지만 대부분은 그런 질문에 대답하다 보면 대화가 끝없는 논쟁에 빠지기 때문이다. 대신 나는 그 사람을 치켜세우는 전략을 쓴다. "매우 좋은 질문입니다만약 정말 좋은 질문이라면. 질문에 대답해 드려야겠지만, 우리가 얘기 하던 주제에 대해 좀 더 이야기한 후에 대답해 드리겠습니다." 질문이 그 사람에게 매우 결정적이거나 중요하지 않다면 대부분 동의할 것이다. 그리고 당신이 말을 끝냈을 때 대부분의 사람들은 질문을 잊어버릴 것이다.

물론 나는 이런 상황에서 분별력을 사용한다. 만약 그 질문이 그 사람을 오랫동안 괴롭혀온 질문이고, 내가 관심을 갖지 않으면 그 질문을 다시 묻지 않을 것 같으면 마는 내 말을 중단하고 즉시 질문에 대답할 것이다. 그러나 가장 좋은 것은 복음증거라는 더 중요한 목적으로부터 빗나가지 않기 위해 가능하면 질문이라는 함정을 피하는 것이다. 복음을 전할 때 예수님의 모범을 따르라. 종교적인 논쟁에 빠지지 말고 단지 예수 그리스도에 대해서만 전해야 한다.

적용 노트(한 학생의 예)

요한복음 4장

1. 기본 진리들
    A. 요한복음 4: 27-43 – 사람들은 지금 들을 준비가 되어있다.

    공격적인 전도 vs 관계 전도

    1. 여자 29절

    2. 사람들 39절

    3. 더 많은 사람들 41절

2. 적용
    A. 무작위로

    B. 다른 인종

    C. 커피숍, 서점, 스포츠센터

    D. 자유로운 대화

    1. 자유로운 주제

    2. 개인적인 문제

    3. 해결책

    4. 개인적인 기회 – 초청기도

3. 삶의 변화

A. 메시지 - 예수님에 대한 직접적인 소개

B. 간증을 나누기

C. 태도 - 흥미 있어 하는 사람들, 하나님이 준비시킴

D. 사람들에게 도움을 요청하라. - "물 좀 줄래?"

E. 대화 - 세속적인 대화에서 일반적인 영적 대화로

　　　　일반적인 영적 대화에서 개인적인 영적 대화로

F. 벽을 넘어가라 - 벽을 깨라, 기꺼이, 오래된 전통들

G. 메시지 - 성경의 원리를 사람들의 필요와 연관시켜 전하라.

H. 그와의 첫 번째 전도 마무리

4. 변화를 위해 할 일

A. 생각의 차이를 알아채라.

B. 성령에 민감하라.

C. 장애물들에 민감하라.

D. 당신이 가는 장소에 있는 사람들을 위해 특별히 기도하라.

E. 간증을 적은 후 외워라.

F. 예수님의 전도 방법을 연구하라.

G. 논쟁하지 마라.

H. 한 그룹 내에서 두세 사람과 생각을 나누라.

I. 성령을 의지하라.

5. 기도

A. "주님, 내가 때를 얻든지 못 얻든지 복음을 전하게 하소서."

6. 성경구절

A. 요한복음 4:35

7. 설명

A. 주님의 때에 즉각적으로 반응하라. - 기회를 알아채기

내가 정한 이 장의 제목은 "그리스도는 했고, 제자들은 하지 않은 것(같은 환경에서)"이다. 제자들이 단체로 빵을 구하러 갔을 때 예수님은 한 여자를 구원으로 인도했다. 사실 제자들은 빵을 구하러 갈 때 예수님보다 먼저 길에서 이 여자를 만났다! 제자들은 그녀에게 관심을 가졌는가? 제자들은 그녀와 말했는가? 또 그 외에 누가 제자들 옆을 지나갔는가? 28절에 보면 마을 사람들이다! 제자들은 그들에게 관심을 가졌는가? 제자들은 그들에게 말을 걸었는가? 그러기에는 제자들은 너무나 편견에 사로잡혀 있었다. 제자들이 우물로 돌아왔을 때 사마리아 여자와 이야기하고 계신 예수님을 이상하게 바라봤다. 제자들이 사마리아 사람들에게 관심이 있었다면 그들에게 예수님을 전했을까?(요한복음 1:3) 제자들은 그 사마리아 마을을 단지 빵을 살 가게가 있는 마을로 여겼다. 하지만 예수님은 그 마을을 축복하셨다.

성경연구 GUIDE BOOK

요한복음 3장에서 한 단락을 선택해서 7가지의 적용 질문

을 해보라.

work
shop

● 요한복음 3장에서 하나의 진리를 택하여 자신의 삶에 구체

적이고 심도 있게 적용해 보라.

11장
당장의 필요를 채우기 위한 성경연구

당장의 필요를 위한 해답 찾기

우리는 앞 장에서 모든 성경연구의 궁극적인 목적이 적용이라는 것을 배웠다. 성경 지식은 그리스도의 주권을 인정하고 그 지식을 삶에 적용하지 않는다면 아무런 의미가 없다. 이 책의 목적은 효과적인 성경연구를 통해 당신의 성경 지식이 풍부해질 뿐만 아니라 그 지식을 효과적으로 적용하는 방법을 알게 하는 것이다.

광범위한 성경 지식은 우리의 삶에 안정감을 주는 절대적인 근원이 된다. 성경을 많이 알수록 삶에 더 많이 적용하게 되고, 성경을 더 많이 삶에 적용할수록 당신은 더 많이 예수님을 닮아가게 될 것이다. 그리고 예수님을 더 많이 닮아갈수록 당신의 삶은 더 행복하고 안정적이 될 것이다. 타락한 인류는 이런 종류의 안정감이 필사적으로 필요하다. 우리는 매일 새로운 어려움을 만나고, 종종 감정적, 육체적, 가정적, 직업적, 재정적 위기에 직면한다. 그래서 우리는 매일 하나님의 뜻을 알아야 하고, 하나님의 통찰력으로 우리의 상황을 볼 수 있어야 한다. 우리가 만나는 모든 어려움과 위기의 열쇠는 하나님의 말씀이다. 즉 하나님의 말씀이 우리의 당장의 필요를 채울 해결책인 것이다. 그러므로 풍부한 성경 지식은 우리 삶의 위기 상황들을 다루는 데 필수적이고 방대한 '도움의 저장고'이다.

앞에서 여러 번 말했듯이, 성경을 알아가는 과정과 그 진리를 적용하는 과정에는 시간이 필요하다. 하나님의 말씀에 대한 광범위한 지식은 한순간에 얻어지는 것이 아니다. 반면 삶은 매일 계속된다. 도움이나 해답이 필요할 때 당장 말씀에 대한 지식이 없다면 당신은 어떻게 하는가? 나는 그런 경우를 대비해 이 장을 썼다. 이 장을 당신의 상처가 심각한 지경에 이르지 않도록 도와줄 지혈대라고 생각해라. 당신에게 더 이상 지혈대가 필요 없을 때까지 활용해라.

우선, 나는 당신이 어떤 상황에서 말씀이 절실히 필요할 때 어떻게 성경에서 그 답을 찾을 수 있는지를 보여주겠다. 당신이 기질적으로 어떤 문제를 가지고 있다고 가정하자. 당신은 화를 폭발적으로 분출하는 기질을 가지고 지금까지 살아왔다. 그래서 그 문제는 더 이상 당신을 괴롭히지 않는다물론 당신 주변 사람들에게는 다른 얘기다. 그러나 지금 그 기질이 당신의 삶을 위기에 몰아넣고 있다. 당신은 일을 하다가 사장 앞에서 화를 폭발했다. 그는 당신을 사무실로 불러서 다시 한 번 이런 일이 있으면 권고사직시키겠다고 경고를 주었다. 당신은 도움이 필요하다고 느끼고 이제 막 성경공부를 시작했다. 그런데 성경 어디에서 당신에게 필요한 도움을 구할 수 있을지 알만큼 성경에 대해 알지 못한다.

그럴 때 당신은 성구사전이나 온라인 프로그램에서 단어 검색을 할 수 있다. 이러한 자료들은 당신에게 화에 대해 다루고 있는 모든 성경 단락들을 알려줄 것이다. 물론 성경에는 화라는 단어가 수백 번 나올 것이고, 화를 냈던 인물들에 대한 이야기도 참고구절들 속에 있을 것이다. 또 다른 참고 구절들은 하나님의 화, 왕들의 화 등에 대한 정보를 줄 것이다. 이런 식의 성경공부는 당신의 구체적인 문제를 다루는데 효과적이며, 이렇게 주제별 성경공부를 통해 범위를 좁혀나가면서 당신의 문제에 접근할 수 있다.

또한 당신은 스터디성경이나 성경사전 등을 통해 화라는 단어를 찾아볼 수 있다. 그러한 자료에서 당신은 언제 화가 정의롭고, 언제는 정의롭지 않은지에 대한 토론을 비롯해서 화라는 주제에 관한 해설들을 읽을 수 있을 것이다. 그러한 설명들은 당신에게 화에 대한 성경적인 경고를 줄 것이고, 어떤 환경에서든지 화는 잘못된 것이라는 사실을 알려줄 것이다. 또한 성경은 화를 어떻게 다스릴 수 있는지에 대해서도 알려줄 것이고, '자기 절제'에 관해서도 생각해 보게 할 것이다.

그러면 다음으로 자기 절제에 관해 찾아봄으로써 당신의 기질 문제에 대한 해결책을 얻기 위한 후속 성경연구를 진행할 수도 있다. 화와 자기 절제에 관해 다루고 있는 모든 성경 본문을 찾아 적어 보라. 그리고 각각의 본문에 앞 장에서 배운 일곱 개의 적용 질문을 던져 보라. 마지막으로 적용 질문을 통해 배운 성경적 원리를 당신 자신에게 적용시켜 보라.

위기 성경연구 표

나는 우리 대부분이 겪을 수 있는 여러 가지 위기 상황에서 당신을 도울 수 있는 자료를 주고 싶다. 당신의 필요에 따라 적용할 성경 본문을 쉽게 찾도록 도와주는 '위기 성경연구 표'이다. 사실 성경은 우리가 만나는 모든 어려움과 위기에 대한 실제적인 답을 많이 포함하고 있다. 즉 성경은 우리 삶에 대한 훌륭한 가이드북이다. 성경은 하나님이 얼마나 우리를 돌보기 원하시는지, 우리 삶의 고통을 대신 지기 원하시는지를 보여준다. 그리고 이러한 사실을 아는 것은 우리 삶에 엄청난 소망과 용기를 준다.

아래의 표는 하나님이 당신의 문제, 좌절, 당신이 내릴 어려운 결정들에 대해 뭐라고 말씀하시는지 아는 데 도움을 줄 것이다. 나는 그리스도인이 하나님의 말씀에 대해 알면 훨씬 더 쉽게 하나님에게서 벗어난 자신의 생각과 행동을 바로잡을 수 있을 거라고 확신한다. 하나님에게 민감한 마음을 가진 사람에게는 더욱 그렇다.

나는 이러한 도움이 당신에게 유익하기를 기도한다. 성경은 당신을 하나님께로 더 가까이 이끌 것이고, 당신은 하나님의 마음에서 당신의 문제에 관한 답을 발견할 수 있을 것이다.

위기 성경연구 표

애정 결핍

    행 27장

술과 마약

    창 1:28

    민 6:2-4

    신 6:4

    시 55:22, 104

    잠 20:1 23:20 23:29-35 31:4-6

    사 5:11

    마 11:19 16:27-29 27:34

    막 15:23

    눅 7:33,34 10:34

    요 2:9,10 14:6

    롬 12:1 13:1-5

    롬 13:13 14:21

    고전 4:11 6:10-12 6:19,20

    갈 5:16-21

    엡 5:18

    골 3:2

    딤전 2:5 5:23

    살전 5:4-8

    벧전 1:13 2:13-17 4:3,4 5:7

    계 9:20,21 18:23 21:8 22:15

분노

시 2:5-9 7:11 10 95:11 130:3,4

사 48:9

단 9:9

암 5:18-20

훔 1:2,3 1:6-8

막 3:5

롬 1:18 2:5

살전 1:10 2:1b

인간의 분노에 대한 경고

시 37:8

잠 10:18 14:17,29 15:1,18 16:32 20:3,22

잠 22:24,25 24:29 26:24 27:5,6 29:11 20,22

전 7:9

마 5:22 7:1-5

눅 17:3,4

롬 12:19 14:4

고후 7:8-10

갈 5:20

엡 4:26-32

골 3:8

딤후 4:2

약 1:19,20 3:3-14 4:1 5:9

화를 다스리기

창 4:5-7

잠 15:28 19:19 22:24,25

잠 25:15

마 2:16

막 10:14

요4

화의 결과

시 73

잠 14:17 25:28

마 5:38,44

엡 4:30,31

걱정

시 55:22 121

마 6:25-34

행 27

빌 4:6,7

벧전 5:7

고후 11:28

빌 2:20

치유

요 14:1-3 14:18,27

빌 4:4-9

히 13:6

약 1:22

요일 4:18

죽음

시 23:6

잠 3:21-26 14:32

고전 15:54-58

빌 1:21,23

히 2:14,15

결정하기

딤후 3:15-18

히 11:23-27

우울

창 4:6,7

출 6:9

민 11:10-15

왕상 19

시 23:4 27 32 34:15-17 38 40:1-3 51 69 88 102 103:13,14

시 121

잠 18:14

예레미야 애가

마 5:12 11:28-30 26:37,38 26:75

요 4:1-3 15:10,11

행 27

롬 8:28 15:13

고후 4:8,9

엡 1:3-14

우울감 다루기

요 14:1-14 14:26,27

골 1:16,17

히 1:3 13:5

우울감 방지하기

빌 4:11-13

빌 4:8

소망

창 3:6

엡 2:3

출 20:17

딛 2:12 3:3

잠 10:3 24 11:6 28:25

마 6:21

눅 12:31-34

롬 13:14

갈 5:16

약 1:13-16

요일 2:16

유1:8

벧전 1:14 4:2,3

훈련

잠 3:11,12 13:24 19:18 22:6,15 23:13 29:15

고전 5:1-13 11:29-34

고후 2:1-11 12:7-10

엡 6:1-4

딤전 4:7

히 12:5-11

이혼

창 2:18-25

출 20:14

신 24:1-4

사 50:1

말 2:16

마 5:2 5:27,28 5:31,32 6:14,15

마 19:3-9

막 10:2-12

롬 6:1-2 12:1-2 13:14

고전 7:10-24 7:33-34 7:39-40

약 5:16

고전 7:10-15

삼상 12:33

인내

시 40:1-3

요 11

행 27

고후 12:7-10

히 12:5-11

질투

딛 3:5

벧전 2:1

약 3:14-16

두려움

창 3:10

시 103 121

잠 10:24 29:25

마 10:26-31

행 27

딤후 1:7

히 2:14,15

벧전 3:6 3:13,14

요일 4:18

재정문제

신 8:11-14

욥 31:24-25 31:28

시 49:10-12 52:5-7 62:10

잠 3:9 10:9 11:1 15:27 17:23 19:17 22:7 23:4,5 27:24 28:20 30:7-10

전 5:10

마 6:24-34 19:16-24 25:14-30

막 6:7-11 8:36

눅 12:13-21 16:19

롬 13:6-8

고전 16:2

고후 8:14,15 9:7

빌 4:18 19

딤전 6:7,10

히 13:5

시 72:2,3

잠 3:9-10 3:27-28 11:15 11:24,25 14:21 17:18 19:15,17 21:5 22:7

잠 22:26,27 28:20,22

전 5:15-17

말 8:10

눅 3:11 6:38 12:15-21

롬 18:8,9

갈 6:10

살전 3:10

계 3:17

재정문제 다루기

창 1:28

출 20:15,27

시 50:10-12 50:15 55:22

마 6:25-34 25:14-29

벧전 5:7

용서

시 32 103

잠 17:9

마 6:14,15 18:15-17

막 11:25

눅 17:3-10

엡 4:32

골 3:13

약 5:15

요일 1:8-10

우정

잠 27:6,10 17:9,17

요 15:13-15

하나님의 사랑과 용납

시 27 103

눅 15

행 27

험담

잠 10:18 11:13 20:19 26:20-22

슬픔

삼하 12

시 6:5-7 23:4 119:28 137:1,5,6

잠 14:13 15:13

마 5:3 14:12-21 26:38

요 11

고전 15

고후 4:14-5:8

엡 4:30

살전 4

딤후 1:10

히 2:14,15 9:27

죄책감

시 32 103

사 53:6

마 6:12 18:21

눅 15

롬 8:23

고후 7,8,10

벧전 1:24

요일 1:9

창 2:17 3:4,5 3:8,22

욥 1:9-11

요 14:26 16:8,13

빌 3:12-16

딤전 4:2

요일 1:8-10

계 12:10

시 73

롬 6:23

요일 1:19

죄책감 다루기

삼하 16:7

시 103:14 139:1-4

요 8:3-11

약 5:16

벧전 3:18

요일 1:8,9

엡 4:32

습관

잠 19:19

사 1:10-17

렘 13:23 22:21

롬 6-7

갈 5:16-21

히 5:13

벧전 2:14,19

소망
시 27 40:1-3 119 121
잠 10:28 13:12
롬 15:4,5
살전 1:3 4:13-18
히 6:11 18-19

절망
시 27 40:13 103 121
요 11
행 27

겸손
잠 13:34 15:33 16:19 ·22:4 29:23
요 13:1-17
갈 6:1,2
엡 5:15-21
빌 2:1-11
약 4:6,10
벧전 5:6,7

게으름
잠 12:24,27 13:4 15:19 18:9 26:13-16
마 25:26

삶의 우선순위

고전 6:9-12 21:8

계 21:8 22:15

엡 5:18

외로움

창 2:18

시 25:16 121

눅 15

요 11

엡 1:3-14

딤후 4:9-12

외로움 다루기

잠 18:24

요 3:16

롬 8:9 8:14-17 8:26-31

롬 8:35-39

고전 6:19

요일 1:9 4:13

사랑

잠 10:12 17:19

마 5:44 22:39,40

롬 13:10

고전 13

벧전 1:22

요일 4:10,19 5:2,3

요이 5,6

거짓말

출 20:16

잠 12:19,22

골 3:9

결혼생활 문제

창 2:18-25

신 24:1-4

잠 5:18 8:22 19:13 21:9 19 27:15,16

전 9:9

마 5:31,32 19:3-9

고전 7:10-16

엡 5:21-33

골 3:18-25

히 13:4

벧전 3:1-7

고전 7:12-16

골 3:18-25

고후 6:14-16

벧전 3:1-7

엡 5:21-33

부모/자녀

　창 2:24

　고후 12:14

　엡 6:1-4

　딤전 3:4,5

평안

　시 40:1-3 119 121

　잠 3:1,2 16:7

　요 11 14:27

　롬 5:1 12:18 14:19

　빌 4:6-9

　골 3:15

　히 12:24

오만

　잠 8:13 11:2 13:10 16:18 18:12 21:24 27:1 29:23

회개

　눅 3:8-14 24:47

　행 3:19 5:31 17:30 26:20

　고후 7:10 12:21

원한

　잠 26:24-26

　히 12:15

자아상

눅 15

엡 2:3-14

질병

시 119:71

마 9:2-6 9:18-21 9:23-26 10:5-8 13:58 25:39,40

막 6:7-13 7:24-30 9:20-27

눅 9:1,2,6

엡 2:3-14

눅 13:1-5

요 9:2,3

롬 5:3-5 8:28

고전 11:29,30

고후 2:7-19

히 9:27 12:22

약 1:2-4 5:14-16

벧전 1:5-7

질병 다루기

롬 11:33

약 5:6

고전 12:25,26

요일 1:9

히 11:1

고독

　　창 2:18

　　마 19:11,12

　　고전 7:7-28　7:32-35

　　히 12:15,16

12장
지금 시작할 수 있다!

성경연구 시작하기

우리는 지금까지 요한복음의 한 부분을 통해서 성경을 깊이 연구하는 과정을 배웠다. 나는 이제 당신이 혼자서 다른 성경도 연구해 보고 싶은 열망이 생겼으리라 확신한다. 열망은 좋은 것이다. 그런 열망은 당신이 성경연구를 시작하고 계속할 수 있는 발판이 될 것이다. 그러나 내가 앞에서 말했듯이 감정은 당신을 지탱하기에 충분하지 않다. 새로움과 신기함이 사라지고 성경연구의 힘든 과정에 들어가면 열정은 증발해 버리고 말 것이다. 그 다음에는 무엇이 당신을 계속 앞으로 나아가도록 도와줄까?

성경연구를 위한 계획

나는 모든 삶에 계획을 세우고 그것에 따라 사는 사람을 몇몇 알고 있다. 그런 사람의 차고에는 언제 자동차 엔진 오일을 갈았는지를 표시해 둔 표가 걸려 있고, 옷장에는 셔츠가 색깔별로 걸려 있으며, 그의 아침은 분 단위로 나뉜 일정에 따라 매일 똑같이 진행될 것이다. 7시 23분에 커피를 마시고, 29분에는 양치를 하고, 7시 33분에 집을 나서서 정확히 7시 57분에 사무실 문을 열고 들어설 것이다. 그러나 불행히도 나는 그런 류의 사람이 아니다. 나는 언제 출발해야 할지를 알려줄 사람이 옆에 있어야 하는 사람이다. 아마 대부분의 사람들이 나와 비슷할 거라고 생각한다. 그렇더라도 우리는 해야만 하는 일을 할 수 있도록 스스로를 훈련시켜야 한다. 그렇지 않으면 우리는 흥분된 감정이 끝난 후에는 어떤 일을 지속하지 못할 것이다. 경직된 계획은 성경연구를 시작하기도 전에 사람을 질리게 할 수 있지만, 계획이 아예 없다면 그 일은 시작되지 못할지도 모른다.

내 목적은 사람들에게 하나의 구체적인 계획을 강요하는 것이 아니라 자신에게 맞는 계획을 스스로 세우도록 하는 것이다. 우리는 모두 다르며, 각자 자신의 상황과 기질에 맞는 계획이 필요하다.

계획을 세우면서 첫 번째로 기억할 점은 규칙적인 성경연구 시간을 갖는 것이 중요하다는 사실이다. 나는 아침 6시에 일어나는 사람이 하루를 시작하기 전에 성경연구 시간을 갖는 것이 매우 유익하다는 것을 알고 있다. 그러나 어떤 사람에게는 이런 계획이 재앙이 될 것이다. 아침형 인간이 아닌 사람이 아

성경연구 GUIDE BOOK

침 일찍 일어나 성경을 읽었다면 아마 오전 중반쯤엔 아침에 성경을 읽었다는 사실조차 기억하지 못할지도 모른다. 어떤 사람은 매일 점심시간에 15분에서 30분 정도 성경을 읽고, 밤에 잠들기 전에 다시 더 많은 시간을 들여 성경을 읽는 것이 좋을 수도 있다. 아마 밤에 3교대를 하는 간호사에게는 아침 5시 30분이 '영적인 시간'이 아닐 것이다. 간호사가 다음 날 의료 라벨을 읽을 만큼 또렷한 정신이 아니라면 아픈 사람들을 돌보는 '영적인' 일을 할 수 없을 것이다. 당신은 당신의 일과 상황에 맞는 시간을 찾아야 한다. 중요한 점은 그 시간이 언제이든 그 시간을 고수하는 것이다.

계획을 세우는 데 다음으로 기억할 점은 한 번에 몇 시간씩 성경연구를 할 것인지를 결정하는 것이다. 당신은 한 번에 얼마 동안 성경연구를 하기 원하는가? 처음에는 하루 30분으로 시작해서 습관을 들이고 그런 다음 한 시간 혹은 그 이상으로 시간을 점차 늘려가는 것도 좋은 방법이다. 당신이 책을 읽는 속도나 능력이 이 시간을 결정하는데 중요한 요소이다. 어떤 사람은 30분 안에 할 수 있는 일을 다른 사람은 2시간이 걸릴 수도 있다. 또 당신은 성경연구를 매일 하기 원하는가? 아니면 일주일에 5일? 6일? 만약 당신이 세 명의 취학 전 자녀를 둔 주부라면 하루에 15분을 얻는 것도 큰 행운이라고 생각할 것이다. 그렇다면 하루 15분씩 성경연구를 하라. 처음에는 성경연구 시간의 양보다 질밀도이 훨씬 더 중요하다. 가장 중요한 것은 성경을 규칙적으로 읽고, 그것에 시간을 할애한다는 점이다. 혼자서 그런 시간을 가짐으로써 당신은 천국의 가장 좋은 것을 맛보게 될 것이다.

성경연구의 우선순위

성경연구를 하기로 결심했을지라도 당신의 하루는 이미 꽉 채워져 있을 것이다. 직장에 가는 시간까지 포함해서 당신은 하루 9시간을 일하는 데 보낸다. 한 시간의 점심시간을 가질 것이고, 그 중 30분은 신문을 읽을지도 모른다. 많은 사람이 이렇게 점심시간을 보낼 것이다. 집에 도착하면 저녁식사 전까지 풀어져서 TV를 볼 것이고, 저녁을 먹은 후엔 아내와 함께 가장 좋아하는 TV 프로그램을 볼 것이다. 그런 다음 습관에 따라 차고에서 차를 손질할 것이고, 들어와서는 다시 뉴스를 보고 잠자리에 들 것이다. 이 스케줄대로 라면 당신이 성경연구를 할 수 있는 시간은 아마도 일주일에 네 번, 하루 십분 정도가 될 것이다.

자, 더 나은 방법이 있는가? 당신의 스케줄에서 우선순위는 무엇인가? 하루의 스케줄에서 이 모든 활동들이 정말 성경연구보다 중요한가? 우선순위는 당신의 마음이 어디에 있는지를 보여준다. 나는 이 책을 읽는 모든 그리스도인이 성경연구 시간을 정하면서 자신의 하루 일과를 자세히 들여다보기를 권한다. 당신은 어쩌면 어떤 활동을 포기하고 성경연구를 시간을 만들어야 할지도 모른다. 이것을 희생이라고 부른다.

성경연구를 위한 약속

마지막으로 기억할 점은 성경연구 시간을 만들고, 그 시간을 지킨 결과에 관한 것이다. 나는 하나님의 말씀을 연구하는데 시간을 드리는 사람에게 하나님이 무엇을 약속하셨는지 말해주고 싶다.

히브리서 4장 12절에 보면 성경은 우리 마음속 깊은 곳에 있는 소망을 드러낸다고 말한다.

"하나님의 말씀은 살아 있고 활력이 있어 좌우에 날선 어떤 검보다도 예리하여 혼과 영과 및 관절과 골수를 찔러 쪼개기까지 하며 또 마음의 생각과 뜻을 판단하나니" 히 4:12

또한 디모데후서 3장 16절은 성경이 우리를 다스리고 바르게 한다고 말한다.

"모든 성경은 하나님의 감동으로 된 것으로 교훈과 책망과 바르게 함과 의로 교육하기에 유익하니" 딤후 3:16

만약 우리가 우리 자신을 하나님의 말씀에 담근다면 하나님은 우리를 가르치시고 훈련하셔서 그리스도의 형상을 닮아가게 하실 것이다. 성경의 진리가 우리 삶에 살아있는 한 부분이 될 때 우리는 진정한 영적 성장을 경험하게 될 것이다. 우리는 환경을 뛰어넘어 승리할 것이고, 하나님이 우리 삶에서 일하시는 것을 지켜보는 엄청난 기쁨을 누리게 될 것이다.

시편 119편의 어느 부분을 보든지 하나님의 말씀의 중요성과 그것으로부터 오는 축복을 알 수 있다. 하나님은 여호수아 1장 8절 말씀에서도 우리에게 말씀하신다.

> "이 율법책을 네 입에서 떠나지 말게 하며 주야로 그것을 묵상하여 그 안에 기록된 대로 다 지켜 행하라 그리하면 네 길이 평탄하게 될 것이며 네가 형통하리라"

이처럼 그분의 말씀을 마음에 새기고 밤낮으로 숙고하며 순종하면 우리는 번창하고 성공할 것이다. 여기서 성공이란 물질적인 성공뿐 아니라 하나님의 일이 우리를 통하여 성취되는 성공을 말한다. 이것이 진정한 성공 아닌가. 하나님은 그분의 말씀을 연구하고 지키는 사람에게 이러한 축복을 약속하셨다.

평신도를 위한 성경연구 가이드북

초판 1쇄 발행 • 2016년 4월 1일

지은이 • 조쉬 맥도웰
펴낸곳 • 레이어티출판사
책임편집 • 이강임
디자인 • 김한희

등록번호 • 제2016-000010호
주소 • 서울특별시 마포구 동교로 17안길 38
전화 • 070-8157-1777
홈페이지 • laity2016.wordpress.com
이메일 • laity14im@gmail.com
ISBN 979-11-957542-0-5
ⓒ 레이어티출판사 2016

레이어티

레이어티 출판사(Laity Publisher)는 평신도가 좋은 그리스도인으로,
하나님 나라의 강한 군사로 세워지도록 돕는 책을 출간합니다.